# Revelación
# divina

Título original de la obra en inglés:
Receiving Divine Revelation
Copyright © 1996 por Fuchsia Pickett

Revelación Divina
Copyright © 1998 de la edición en español, por Casa Creación
Todos los derechos reservados
Impreso en los Estados Unidos de América
ISBN 0-88419-551-1

Casa Creación
Strang Communications
600 Rinehart Road
Lake Mary, Fl 32746
Tel (407) 333-7117  -  Fax (407) 333-7147
Internet http://www.strang.com

Traducido por Liliana G. V. De Marco

Primera edición, 1998

# Revelación divina

Fuchsia Pickett

CASA
CREACIÓN

Este libro está dedicado a mis nietos:
Darrell W. Parrish II
Daniel George Parrish
Cyndi Parrish Miller

Y en memoria de mi nieto:
David Parrish

Y a mis bisnietos:
Darrell W. Parrish III
Alysia Parrish
Susan Sermons
Jamie Sermons

# Contenido

*«No ceso de dar gracias
por vosotros, haciendo memoria de
vosotros en mis oraciones,
para que el Dios de nuestro
Señor Jesucristo,
el Padre de gloria,
os dé espíritu de sabiduría
y de revelación
en el conocimiento de él.»*

—Efesios 1.16,17

# 1

# ¿Por qué necesítamos la revelación?

---　❖　---

## Descubriendo la vida de Cristo

**D**urante diecisiete años prediqué el evangelio de acuerdo a mi entrenamiento teológico evangélico, sin tener un entendimiento verdadero de la palabra *revelación*. Era una estudiante seria de la Palabra de Dios. El deseo de mi corazón era conocer a Dios. Mis investigaciones, notas y sermones que había preparado cuidadosamente de acuerdo a mi trasfondo teológico, llenaban un archivo entero. Para uno de mis títulos en teología había escrito una disertación sobre las 500 doctrinas cardinales de la Iglesia. Era una cristiana nacida de nuevo, que estaba sirviendo al Señor sinceramente como pastor y profesora universitaria de Biblia. Aun así, a pesar de mis estudios y de mi adiestramiento, viví todos esos años sin conocer a Dios íntimamente. No conocía lo que significaba recibir revelación divina de la Palabra.

Cuando leía la oración del apóstol Pablo, «A fin de conocerle [a Cristo]» (Filipenses 3.10), me preguntaba por qué él había pronunciado tal clamor. Me parecía que si alguien realmente había conocido a Cristo, ese era Pablo, cuyos muchos escritos del Nuevo Testamento revelaban claramente su íntima relación con Dios. ¿Por qué, entonces, clamaría por conocerlo con tal fervorosa súplica?

Después de que comencé a conocer a Dios a través de la revelación divina, entendí que ese clamor era *porque* el corazón de Pablo estaba tan lleno con revelación personal de Dios que él percibía cuánto más había para conocer a Dios. Sin revelación divina, no podía entender el clamor de Pablo.

Durante mis primeros años de ministerio no me daba cuenta de que carecía de revelación porque no sabía que era posible tener esa relación íntima y personal con Dios. Aunque Él se había revelado como mi Salvador y yo había rendido mi vida a su llamado al ministerio, mi mente todavía no había sido tocada por la revelación divina. Después de que Dios comenzó su trabajo soberano demoliendo mi incorrecta teología, una de las primeras experiencias que tuve recibiendo revelación, estaba relacionada con la adoración verdadera. Aunque había dirigido el coro y tenido dos «servicios de adoración» en mi iglesia por años, no había tenido revelación de adoración. Nunca había visto gente adorando a Dios en «espíritu y en verdad». No había seminarios en adoración en aquellos años. Un día, en 1959, fui sanada de una enfermedad genética a los huesos, que había tomado la vida de varios miembros de mi familia. El mismo día fui bautizada en el Espíritu Santo. Inmediatamente, el Espíritu tomó residencia en mi interior como mi divino maestro; finalmente vi gente verdaderamente adorando a Dios.

Observé adoración verdadera cuando fui invitada para hablar en una iglesia pentecostal. Mientras estaba sentada en la plataforma, durante el tiempo de adoración, esperando para ser presentada, observé a una joven mujer que estaba abriendo su corazón a Dios en adoración. Yo no sabía lo que ella estaba haciendo, pero mientras la miraba, vi su cara volverse más y más brillante, y noté lágrimas cayendo por sus mejillas.

Aunque ella lloraba, puedo decir que no era triste. Le estaba diciendo algo a Dios, y yo estaba determinada a saber lo que era. Todavía no tenía una teología que me diera entendimiento sobre lo que ella estaba haciendo, ya que su comportamiento no cabía en ninguna de las 500 doctrinas cardinales que yo había estudiado.

Como era la predicadora invitada para el servicio, pensé que ella sería lo suficientemente cortés para responder a mi pregunta. Así que descendí de la plataforma, caminé hasta ella y le dije:

—Querida; tu y el Señor están teniendo un buen tiempo, ¿no es así?

Ella me ignoró. Su falta de respuesta me pareció descortés. Pensé: «*¿No sabe ella que soy la predicadora invitada?*»Ella continuaba llorando y hablándole a Dios. Actuó como si nunca me hubiera escuchado. No estaba interesada en mí; tenía sus ojos puestos sobre alguien más.

Regresé a mi asiento en la plataforma y continué observándola. Ella estaba «perdida» en adoración; totalmente inconsciente de aquellos a su alrededor. Si bien yo no entendía lo que estaba pasando en ese momento, estaba fascinada por su expresión de adoración.

Decidí intentar nuevamente que me escuchara. Bajé una vez más de la plataforma y me paré detrás de ella, repitiendo:

—Querida; tu y el Señor están teniendo un buen tiempo, ¿no es así?

Lo que realmente quería preguntarle era: «¿Qué estás haciendo? ¿Qué es esto?»; pero ella no me respondió.

Mientras continuaba parada cerca de ella, pude escucharla decirle al Señor: «Preferiría escuchar tu voz antes que la de cualquier otro en este mundo.» La escuché decirle que lo amaba, mientras las lágrimas corrían por sus mejillas. Cuánto más lo adoraba, más brillaba su rostro.

Instintivamente supe que esta joven mujer estaba experimentando algo maravilloso, algo que yo nunca había experimentado. Pero no sabía lo que era. Aun con mis grandes conocimientos de términos teológicos, no podía definirlo, y eso me frustraba. Tampoco tenía suficiente vocabulario para saber cómo preguntarle al pastor qué era lo que estaba sucediéndole a es muchacha. Volví a sentarme en la plataforma, pero no podía sacar mis ojos de encima de ella, ni podía estar lejos de ella.

Por tercera vez bajé de la plataforma y me acerqué a ella. Todavía no había recibido satisfacción de esta adoradora. Permanecía inconsciente a mi presencia.

Esta vez, cuando volví a la plataforma y me senté en mi lugar, sentí que alguien me golpeaba. No había nadie más en la plataforma. Pero cuando sentí el golpe, escuché al Espíritu Santo decir: «Tu puedes tener eso, si lo quieres» Yo ni siquiera sabía qué era «eso».

## Revelación personal de adoración

Esa noche, después de que el servicio hubiera terminado, fui a la habitación de la casa en la que me estaba hospedando en Decatur, Georgia. Caí de rodillas, con lágrimas inundando mis mejillas, y clamé:

—Padre, ¿de qué estas hablando? ¿Qué es «eso» que vi esta noche?

Él me dijo: «Busco gente que pueda adorarme en espíritu y en verdad.»

—Si eso era adoración —pregunté—, entonces ¿qué he estado haciendo todos estos años?

Él contestó suavemente: «Sin esta revelación de adoración, simplemente has estado teniendo servicios religiosos.»

Luego el Señor me hizo tres preguntas sencillas. Primero: «¿Qué harías si escucharas las puertas del Cielo cerrarse detrás tuyo, y supieras que estarías con el diablo por el resto de tu vida?»

Respondí vehementemente:

—¡Tu lo sabes...! ¡Lo odio!

Yo había pasado meses en el hospital como paciente, y caminado atrás de cada uno de los ataúdes de cada miembro de mi familia que habíamos ido enterrando. Yo continué:

—Gritaría «¡Gloria!»

Él dijo: «¡Grítalo!»

Yo le contesté que podría exclamar «¡Aleluya!»

Él dijo: «¡Hazlo!»

Luego me preguntó qué haría si viera a Jesús por primera vez. Le contesté que me postraría a sus pies, besaría las cicatrices de los clavos en sus manos y lavaría sus pies con mis lágrimas.

Él dijo: «¡Hazlo!»

Medité en la eficaz, vicaria, sustituta y mediadora obra del Calvario, y repentinamente, por un instante, vi al Cordero de Dios. Comencé a postrarme frente al Cordero, quien había sido muerto, pero Él me dijo que lo mirara a la cara. «Cuando me miras cara a cara», preguntó, «¿qué me dirías?»

Cuando escuché esas palabras, fue como si un dique dentro de mi alma se rompiera, y torrentes de alabanzas inundaran mis labios. Le dije que era maravilloso, y recité los atributos de Dios que había aprendido en la universidad. Le dije que era omnipotente, omnisciente, omnipresente, inmutable, inmaculado, encarnado y divino. Cuando terminé, me preguntó si había algo más que quisiera decirle. Con un sentido de respeto y reverencia le dije: «Que eres maravilloso.»

Un cuadro vino a mi mente, y vi la cara de Jesús frente a mí, como si estuviera enmarcado. Luego el marco se desvaneció. Mientras lo miraba a la cara, le dije cuánto lo amaba. Nunca había hecho esto en mi vida. Le dije cuán precioso era Él para mí. Continué así, tratando de expresar mi amor por Él con mi limitado vocabulario.

Parecía que habían pasado solo unos momentos mientras contestaba sus tres preguntas. Pero en realidad había pasado una hora y media. Por primera vez en mi vida había estado en la presencia de Dios, de tal forma que había perdido toda noción del tiempo. Finalmente había experimentado verdadera adoración saliendo de mi alma, mientras expresaba mi amor y adoración por Dios. Todos mis años de entrenamiento bíblico, estudio y ministerio no me habían traído a este lugar de adoración, como lo habían hecho unos pocos momentos de revelación divina en su presencia.

Desde ese momento he experimentado muchas veces la revelación de su presencia a través de mi alabanza y adoración. También he aprendido a experimentar la gloria de su presencia, tal como es revelada a través de su preciosa Palabra.

A lo largo de la historia, Dios ha estado tratando de revelarse a Sí mismo a la humanidad. Mucho tiempo atrás, Él inspiró a los hombres para que escribieran su Palabra —su historia de amor— para que nosotros, entonces, pudiéramos llegar a conocerlo. A causa del pecado que nos separa de Dios, necesitamos revelación para poder entender y asirnos del verdadero significado de su Palabra, y aplicarla a nuestras vidas. Los estudios intelectuales por sí solos no pueden resolver las verdades de la Palabra de Dios y traer entendimiento a nuestros corazones.

## ¿Qué es revelación?

La revelación es absolutamente necesaria para que entremos a la clase de relación con Dios que Él quiere que sus hijos disfruten. De acuerdo al diccionario *Webster*, la palabra «revelar» significa «descubrir o hacer conocer a través de inspiración divina». Cuando hablamos de la revelación de Dios a los creyentes, nos estamos refiriendo al descubrimiento de Cristo quién esta adentro nuestro. La revelación no hace al creyente un hijo de Dios. Un creyente es hecho un niño en Dios* en el nuevo nacimiento, y se convierte en hijo a medida que crece hacia la madurez.

Un cuidadoso escudriñamiento de las Escrituras muestra que Cristo viene a vivir en nuestros espíritus cuando nacemos de nuevo; cuando aceptamos el sacrificio de la sangre de Cristo para el perdón de nuestros pecados. El apóstol Pedro declaró que nacimos de nuevo «no de simiente corruptible, sino de incorruptible, por la palabra de Dios que vive y permanece para siempre» (1 Pedro 1.23). Cristo es esa simiente incorruptible que vive en nuestros espíritus, dándonos vida divina cuando somos nacidos de nuevo.

Sin embargo, la vida divina de Cristo en nuestros espíritus debe ser revelada, o descubierta al alma —nuestra mente, voluntad y emociones— para que podamos gozar de una relación íntima con Dios. Para que este descubrimiento ocurra, debemos someternos al proceso divino de redención, que nos traerá a una maravillosa revelación de Cristo en nosotros, el deseo de gloria (Colosenses 1.27).

Cristo vivió en mí durante diecisiete años antes de que yo entrara en la maravilla de la revelación divina —la revelación de la mente de Cristo a mi mente, sus emociones a mis emociones y su voluntad a mi voluntad, que transforman mi carácter en semejanza al suyo. Mientras vivía bajo un código estricto de justicia y santidad, sufría una terrible carga de condenación porque no podía vivir de acuerdo a ese código de vida.

Muchos cristianos sinceros, que genuinamente nacieron de nuevo, se encuentran luchando para entender la Palabra y caminar en victoria sobre el pecado y sobre ellos mismos, porque no han entrado a una relación con Cristo a través de la revelación divina.

---

* La autora, en inglés, usa dos palabras diferentes, pero que ambas se usan aquí con la connotación de «hijo» (*child* y *son*). La traducción al español pierde parte del sentido dado en el inglés, y puede resultar confuso.

# La necesidad de la revelación

### La revelación motiva al creyente

Sin revelación no somos motivados por el amor de Cristo. ¿Quién está a cargo de nuestros afectos, pensamientos y planes? ¿A quién ponemos primero?, ¿a Cristo, o a nosotros mismos, a nuestros amigos y al mundo? ¿Seguimos las enseñanzas de Cristo o las opiniones de los hombres? ¿Cuán bien conocemos a Cristo? ¿Es Él, realmente, nuestra vida?

El apóstol Pablo describe la lucha entre la nueva creación y la mente natural, entre la naturaleza de Cristo y la de Adán qué vive en cada creyente (ver Romanos 6 y 7). La vieja mente no puede conocer a Cristo, y la nueva mente no puede conocer a Adán. Sin embargo, cuando viene la revelación, la ley de la vida libera al creyente de la «ley de Adán» (Romanos 8.2-4). A menos que nuestras mentes sean renovadas por la revelación de la palabra viva, cederemos continuamente al pecado y a los deseos de la carne. No podemos ser motivados por el amor de Cristo mientras siga dominándonos nuestra naturaleza carnal.

### La revelación revela la Palabra Viva

El apóstol Juan conocía a Cristo como la Palabra Viva de Dios (Juan 1.1). Cristo vive en nosotros como la Palabra Viva, y quiere revelarse a Sí mismo a nuestras mentes, transformando nuestra oscuridad a través de su luz. Él no nos trae solamente información concerniente a la verdad, lo cual podría condenarnos. A través de la revelación, Cristo *llega a ser* verdad a nuestros corazones, manifestándose a Sí mismo en nuestras vidas en esa realidad. La revelación divina es necesaria si vamos a conocer a Cristo como la Palabra Viva.

**La revelación activa los propósitos eternos de Dios**

La revelación también es necesaria para que caminemos en los propósitos eternos de Dios. El apóstol Pablo oró por todos los creyentes en Cristo Jesús, «para que el Dios de nuestro Señor Jesucristo, el Padre de gloria, os dé espíritu de sabiduría y de revelación en el conocimiento de él» (Efesios 1.17). Pablo dice que solamente cuando tengamos ese espíritu podremos conocer la esperanza de su llamado.

Debemos entrar en una unidad con la voluntad de Dios para nuestras vidas, a través de la revelación divina. Cristo quiere que nuestra *mente* tenga sus pensamientos, que nuestras *emociones* expresen su amor y que nuestros *deseos* elijan permitir que su voluntad sea hecha en y a través nuestro. Tal unidad solo puede suceder cuando cultivamos nuestra relación con Cristo y nos volvemos uno con sus propósitos eternos a través de la revelación divina.

Pablo describe la maravillosa relación en Cristo, la cual fue posible a través de la revelación divina, cuando escribió:

> *«Con Cristo estoy juntamente crucificado, y ya no vivo yo, mas vive Cristo en mí; y lo que ahora vivo en la carne, lo vivo en la fe del Hijo de Dios, el cual me amó y se entregó a sí mismo por mí.»*
> —GÁLATAS 2.20.

Antes que la Palabra Viva nos pueda ser revelada a nosotros, en nosotros y a través nuestro, debemos darnos cuenta que sin Él estamos destituidos de la vida eterna. Aun el conocimiento *acerca* de Él no puede darnos vida. Necesitamos entender cuán desesperanzada era nuestra condición antes de nacer de nuevo.

## Entendiendo la condición del ser humano

Cuando Dios creó al ser humano, no planeó que tuviera tres diferentes partes: cuerpo, alma y espíritu. Él lo creó como un alma viviente en un cuerpo perfecto. Dios, quien es Espíritu (Juan 4.24), se comunicaba con el hombre de espíritu a espíritu. Él podía hablar con Adán y tener comunión con él a través del espíritu de Adán a su alma. Nada impedía esa divina comunión y compañerismo. ¡Qué placer debe haber llenado a Adán y a su esposa mientras caminaban con Dios en el jardín de Edén, gozando comunión espiritual con Dios!

Cuando entró el pecado, lo cual Dios había advertido que podía suceder, los espíritus de Adán y Eva murieron a su relación con Dios. Un «velo carnal» cayó dentro de ellos entre el alma y el espíritu, ubicando a la mente, los deseos y las emociones del hombre bajo su propia responsabilidad, cortando la comunicación con Dios. Su carne los separó de la comunión con Dios tanto como el velo en el tabernáculo de Moisés separaba al hombre del lugar santísimo, donde la presencia de Dios era manifestada. Aunque Adán y Eva no murieron inmediatamente en forma física (Dios no había planeado la muerte física para ellos), no pudieron nunca más comunicarse con Dios de espíritu a espíritu. Sus almas ahora los dirigían independientemente de Dios. Habían muerto, tal como Dios se los había advertido, a su relación con su Creador.

Todos los hombres nacidos en Adán nacen con un espíritu muerto. Nuestra alma, la cual esta bajo el dominio de la desobediencia y el pecado, nos dirige porque nuestros espíritus muertos no tienen la capacidad de relacionarse con Dios. Nacemos con deseos rebeldes, mentes carnales y emociones encubiertas.

Las Escrituras nos enseñan claramente que la mente carnal es un enemigo de Dios, y todos aquellos que son gobernados por ella experimentarán la muerte (Romanos 8). La mente carnal es ciega, vana en sus imaginaciones. Produce pensamientos no espirituales y esta hinchada con engreimiento (Colosenses 2.18). Por la disposición de la mente carnal, las Escrituras exhortan a los creyentes a renovarse «en el espíritu de vuestra mente» (Efesios 4.23) y que «Haya, pues, en vosotros este sentir que hubo también en Cristo Jesús» (Filipenses 2.5).

Aun después de nacer de nuevo y tener la vida de Cristo viviendo en nuestros espíritus, no podemos esperar entender la vida espiritual con nuestra mente carnal. Las Escrituras declaran: «Pero el hombre natural no percibe las cosas que son del Espíritu de Dios, porque para él son locura, y no las puede entender, porque se han de discernir espiritualmente» (1 Corintios 2.14).

La semilla de la vida en Cristo es plantada por el Espíritu Santo en nuestros espíritus, cuando aceptamos a Jesús como nuestro Salvador. En esta experiencia sobrenatural recibimos el regalo de la vida eterna. Jesús dijo: «Y esta es la vida eterna: que te conozcan a ti, el único Dios verdadero, y a Jesucristo, a quien has enviado» (Juan 17.3). Tener a Cristo viviendo en nuestros espíritus, es tener la vida eterna en Dios.

Es importante para nosotros darnos cuenta de que el espíritu de Cristo vive en nosotros una vez que nacemos de nuevo. Sin embargo, si no vamos más allá del mero reconocimiento de su presencia trascendente, nunca conoceremos verdaderamente a Cristo.

Como creyentes conocemos acerca de los beneficios de Cristo, sus regalos, y lo que hizo por nosotros en el Calvario. Pero, ¿Cuán íntimamente lo conocemos? Conocer a Cristo es tener una relación con Él, que le permita trabajar en nosotros los propósitos originales por los cuales creó al ser humano. Ese es el propósito para Dios al comunicarse y tener compañerismo con nosotros, compartiendo su gran amor con su familia. Él desea derramar su vida divina en nosotros y hacernos hijos maduros en su naturaleza.

Aunque Adán fue creado a la imagen de Dios; no tenía el carácter de Dios. El carácter divino es formado a través de elecciones correctas que resultan en obediencia a Dios. Él no quiere robots que lo amen porque están programados para hacerlo. Quiere que los seres humanos elijan amarlo. La esencia del amor es por elección. Cuando Adán y su esposa eligieron desobedecer a Dios, rechazaron el amor y el propósito que Dios tenía para la humanidad.

Cristo, el segundo Adán, vino a cumplir el propósito de Dios para el hombre, viviendo en perfecta obediencia a su Padre. En el Calvario sufrió el castigo por la desobediencia del hombre, e hizo posible nuestra reconciliación con Dios. A través de la redención, nuevamente podemos elegir amar y obedecer a Dios, permitiendo que su naturaleza sea formada en nosotros y así convertirnos en hijos e hijas de Dios con conocimiento. Para que nuestra relación con Él llegue a ser todo esto que debía haber sido, tenemos que permitir el proceso divino de remover el velo carnal que nos separa de Él.

## El velo carnal

Tal como lo hemos mencionado, cuando el hombre cayó y perdió su relación con Dios, un velo carnal cayó entre el alma y el espíritu, separándonos de Dios. Él demostró un «modelo» de esta separación que sufrimos en nuestro propio ser interior a causa del velo, cuando le dio a Moisés el diseño del Tabernáculo. Dios requirió que el Lugar Santísimo, donde la presencia de Dios era manifestada, fuera separada del Lugar Santo por un grueso velo.

El acceso del hombre a la maravillosa presencia de Dios era extremadamente limitada, sólo un representante del pueblo, el sumo sacerdote, podía entrar al Lugar Santísimo, y podía hacerlo solamente una vez al año, luego de una rigurosa práctica de purificación, que Dios mismo había ordenado con exactitud cómo seguir. De otra forma moriría.

Dios sabía que su pueblo elegido le diría a Moisés que no querían oír ellos mismos directamente a Dios. Sabía que el pueblo quería que Moisés fuera y encontrara lo que Dios tenía para decirles y luego se los comunicara. Entonces, el gran omnipotente Dios, condescendió encontrarse con el hombre una vez al año en el Día de la Expiación. El arca fue ubicada detrás del velo en el Tabernáculo, y nadie podía pasar a través del velo, a excepción del sumo sacerdote, en ese único día.

En el templo que existía en el tiempo de Jesús, todavía estaba colgado ese velo de separación. Pero un terrible día, cuando el Hijo de Dios fue crucificado, el velo se rasgó en dos, de arriba a abajo. ¿Nos hemos dado cuenta del significado de esa gran rotura del velo? Para nosotros significa la destrucción del velo en nuestros templos, nuestra carne, y así podemos tener acceso ilimitado a Dios, y Él a nosotros.

El apóstol Pablo declaró: «¿No sabéis que sois templo de Dios?» (1 Corintios 3.16). El propósito de Dios al disponer templos, es llenarlos con su gloria. Cada tabernáculo y templo en el Antiguo Testamento era construido con el propósito de ser lleno con la gloriosa presencia de Dios. Los velos naturales que colgaban en ellos representaban, en tipo, el velo carnal que separa la vida de Dios, viviendo en nuestros espíritus, de la vida natural de nuestras almas.

Ser nacido de nuevo es tener la semilla incorruptible de la vida de Dios en nuestros espíritus. Esta experiencia nos da vida eterna y nos ubica dentro de la familia de Dios. Sin embargo, solo la rotura del velo carnal trae la maravillosa revelación de la vida de Cristo a nuestras almas, transformando nuestro carácter y llevándonos a una íntima relación con Dios. Sólo cuando el velo es removido, Cristo puede ser manifestado al mundo en todo su amor.

## Rasgar el velo

Cuando Dios hizo al hombre, no planeó tener su presencia recluida en una caja, el Arca del Pacto, o tener un sumo sacerdote que estuviera en su presencia sólo una vez al año. Dios creó al hombre para que caminara y tuviera comunión con Él, así como lo hizo Adán antes de su desobediencia.

Dios quería caminar con el hombre y derramarse a Sí mismo en él cuando sus deseos no eran rebeldes y su mente no era carnal.

Adán y Eva podían comunicarse con Dios libremente. No conocían nada acerca del humanismo hasta que tocaron el Árbol del Conocimiento del Bien y del Mal, y se volvieron dioses a cargo de sus propias vidas. Antes de su acto de traición, sus santuarios interiores eran amplios, vacíos, para que Dios se derramara a Sí mismo en ellos y los llenara con su gloria.

Cuando el hombre eligió desobedecer el mandato de Dios, murió a su relación con Dios y no pudo comunicarse más con Él. El Calvario, el remedio divino de Dios, fue requerido para que el hombre pudiera ser redimido. Una vez que aceptamos el sacrificio de Cristo y somos nacidos de nuevo, una persona vive escondida en nuestro santuario interior, nuestros espíritus. Pero muchos creyentes no lo conocen muy bien. Podemos tener paz con Dios y conocer algo acerca de sus beneficios eternos para nuestras almas, pero no conocerlo a Él íntimamente.

La revelación de Cristo trae la rasgadura del velo carnal entre nuestra alma y espíritu, lo cual nos permite conocer las maravillas de su persona. Lo vemos tal como Él es: exaltado, el resplandor de su gloria, la imagen expresa de su persona, el Rey de gloria, la Perla de gran precio, la Roca en tierra cansada, la Copa que esta rebosando, la Vara y el Callado, el Padre para el huérfano, el Esposo a la viuda, la Estrella de la Mañana, el Lirio de los Valles, la Rosa de Sarón, la Miel en la roca, el Cordero pascual, el Capitán de nuestra salvación, el Poderoso para salvar, el Mensajero de los pies hermosos, el Vengador elegido de Dios, el Justificador, el Santificador. Estas son solo unas pocas descripciones bíblicas de su persona. Este Cristo no puede ser visto con los ojos, tocado con las manos o escuchado con los oídos del hombre natural.

Ya que la Biblia declara que el hombre natural no puede conocer a Cristo (1 Corintios 2.9-16), ¿cómo podemos

llegar a conocerlo íntima y personalmente?
bromista? ¿Nos atormenta con una mara\
que no podemos llevar a cabo? Las Escrituras
tran claramente que Dios quiere que sus hijos lo co\
en toda su belleza. Las mismas Escrituras nos revelan \
mo esto es posible.

## El cuchillo divino

Las Escrituras declaran que la Palabra de Dios es más cortante que espada de dos filos, dividiendo el alma del espíritu (Hebreos 4.12). Esta división no sucede en algún lugar afuera de la atmósfera; sucede en nuestro interior. Es el trabajo de la infinita, bendita, omnipotente, omnisciente, omnipresente, tercera persona de la trinidad.

Las Escrituras nos enseñan que el Espíritu Santo viene a tomar las cosas de Jesús y mostrárnoslas (Juan 16.15). Él viene a revelar a Jesús en nosotros y llenar nuestros templos con Dios. Para poder hacer eso, tiene el mandato divino de rasgar el velo entre nuestra alma y nuestro espíritu, para que la vida de Jesús pueda ser manifestada en nuestras vidas.

Cuando al rasgar el velo se libera vida divina de nuestro espíritu a nuestra alma, la mente de Cristo llega a ser la nuestra, su voluntad nuestra voluntad, sus emociones nuestras emociones. El Espíritu Santo se ha propuesto limpiar toda la casa para revelar a Jesús, para descubrir a Jesús en nosotros. Mientras llenamos nuestras mentes con la Palabra de Dios y cedemos al trabajo revelador del Espíritu Santo en nosotros, Él puede precipitar el rasgado de nuestro velo carnal.

¿Cuántos de nosotros hemos experimentado este trabajo del Espíritu Santo en un área de nuestras vidas, y sentido el maravilloso poder de su limpieza, sólo para descubrir que el Espíritu Santo esta ahora señalando con su luz hacia otra fortaleza de nuestra carne que todavía no se ha rendido al señorío de Cristo? Hasta el grado en que cedamos al proceso de rasgado de nuestra carne, permitiendo a la Palabra de Dios hacer su trabajo de penetrar «hasta partir el alma y el espíritu, las coyunturas y los tuétanos», y discernir los pensamientos y las intenciones del corazón (Hebreos 4.12), al punto de que lleguemos a ser como Cristo. La vida de Cristo puede ser revelada *a través* nuestro solo después de que Él es revelado *en* nosotros.

Pasaron muchos años desde mi experiencia de salvación antes de que entendiera que, cuando Jesús mismo me bautizó en el Espíritu Santo, vino a mi espíritu con la intención de rasgar el velo entre mi alma y mi espíritu, para que Él pudiera revelarse a Sí mismo en mí. Es imperativo ser lleno con el Espíritu Santo para poder recibir la revelación divina.

Aun muchos que se consideran a sí mismos cristianos llenos del Espíritu, todavía no están caminando en la revelación transformadora de la vida de Cristo dentro de ellos. No tienen una íntima relación con Cristo. Esto es porque no se han sometido al proceso involucrado en el rasgado del velo carnal que separa la vida divina en sus espíritus de sus mentes, emociones y deseos.

La vida divina de Cristo estuvo encerrada en mi interior durante diecisiete años, antes de que yo tuviera mi primer experiencia de conocimiento de lo que significaba tener ese velo carnal rasgado y abierto, y recibir revelación divina en mi mente. Desde entonces he continuado sometiéndome al proceso de tener la vida de Cristo revelada en mí. Cristo se ha convertido en el amante de mi alma. Él es mi novio. La preciosa persona de Cristo me fascina. Ya no miro más a sus bendiciones o beneficios, sino a su persona.

Para llegar a conocer a Cristo íntimamente en esta forma, tuve que experimentar el rasgado del velo carnal entre mi espíritu, donde Él reside, y mi alma, la cual todavía esta bajo la influencia del pecado y la carnalidad.

Durante mis años de entrenamiento en el seminario

me senté bajo cada maestro de Biblia que me lo permitiera. Rogué por clases. Quería tomar todo lo que ellos enseñaran sobre la Biblia. Deseaba ser una persona que dividiera el Libro correctamente. Quería ser una teóloga exégeta, una expositora de la Palabra. Comencé con un hambre por Dios y por su Palabra. Durante diecisiete años enseñé la Palabra y la estudié para conocer a Dios. Sin embargo, no lo conocí por revelación durante esos años; el Espíritu Santo me preparó a través de mis estudios para el día en que comenzaría a conocerlo, cuando toda esa información empezaría a tomar vida en mí.

Nunca olvidaré la primer noche en que el Espíritu Santo «rasgó en dos» el velo carnal entre mi alma y mi espíritu, y comencé a ver a Jesús; el Maravilloso, del cual mis maestros me habían hablado, pero que no me habían podido mostrar. Ese es su divino mandato: revelarnos a Jesús. Tal como lo verás en los siguientes capítulos, debió llegar a circunstancias extremas en mi vida para traerme al lugar donde el Espíritu Santo comenzaría a revelar a Jesús en mí.

Para la gloria de Dios, tengo un testimonio de que el Espíritu Santo es capaz de atravesar el velo más grueso de la teología, la doctrina y el prejuicio, a fin de revelar a Jesús a alguien que pensaba que conocía, pero que en realidad necesitaba desesperadamente que Él se revelara.

La revelación no es una teoría o una doctrina para mí, sino una realidad viviente que me salvó de una muerte temprana. Milagrosamente, la revelación me trajo a la vida de Cristo en el poder de su resurrección, colocándome en el camino del descubrimiento divino, en el cual aun camino hoy.

*«Jesús le dijo:*
*...Si me conocieseis,*
*también a mi Padre conoceríais.»*

Juan 14. 6-7

# 2

# La relación a través de la revelación

---◆---

## Mi viaje personal hacia la revelación

**¡H**ay algo registrado proveniente de los labios de Jesús, más triste que la pregunta que le hizo a sus discípulos: «¿Tanto tiempo hace que estoy con vosotros, y no me has conocido?»? ¿Por qué hizo milagros Jesús? ¿Por qué le enseñó a las multitudes las verdades del Reino? Jesús dijo que era para revelarnos al Padre celestial (Juan 14.9). Dijo que hizo solamente las cosas que vio hacer al Padre (Juan 5.19). Y cuando los discípulos le pidieron que les enseñara a orar, Él comenzó reuniendo todos los nombres de Dios, los que habían sido revelados en el Antiguo Testamento, en uno solo: «Padre nuestro.»

Aunque los discípulos de Jesús caminaron con Él diariamente durante casi tres años, nunca lo conocieron. Lo siguieron, vieron sus milagros y escucharon sus enseñanzas. Sentían cierto afecto por Él, pero su entendimiento estaba limitado al mundo natural. Ellos conocían a Jesús como hombre —uno con poderes fenomenales—, pero todavía como un hombre. No se dieron cuenta de que estaban caminando con Dios.

A pesar de que Pedro recibió la revelación de que Jesús era el Cristo, un momento después estaba censurando a Jesús por anunciarles que su muerte estaba por venir. Jesús tuvo que corregir severamente a Pedro.

Parecía ser, por la pregunta de Jesús, que Él se asombraba de la incapacidad de ellos para comprender las realidades espirituales. ¿Podía ser posible que Él hubiera estado tanto tiempo con ellos revelando todo el tiempo el amor del Padre, y aún no lo conocieran?

Desafortunadamente, muchos cristianos en la actualidad enfrentan el mismo dilema que los discípulos. Han recibido a Cristo como su Salvador y lo han seguido a Él y a sus enseñanzas, pero no tienen la revelación divina de quien es Él, el Cristo que vive adentro de ellos.

Puedo relacionarme con los discípulos tanto como con los cristianos sinceros que todavía no han entrado en una relación con Cristo a través de la revelación divina. Yo fui mecida en cuna metodista, criada en un hogar metodista. Crecí en un hogar muy honesto, bueno y moral. Aunque fui a la iglesia desde que era un bebé, no conocía nada acerca de ser nacido de nuevo.

Aun como una joven mujer, no conocía a Jesús como mi Salvador. Iba a la iglesia, a la escuela dominical y cantaba en el coro. Fui la niña más joven en ser invitada para representar a la sociedad misionera de mujeres de la Iglesia Metodista Unida. Me paré bajo esa condición en la Universidad Brevard, a los nueve años, y nuevamente a los trece; la niña más joven que alguna vez fuera elegida.

## Deseando una relación

Recuerdo desear conocer a Dios desde que era una niña pequeña. Acostumbraba a salir a mirar las estrellas o las nubes. Estaba llena de reverencia y me preguntaba si

alguna vez podría conocer a Aquel que las hab
Crecí en la iglesia y me casé muy joven, al fii
escuela secundaria. Estaba en mis planes ir a es
Universidad Brevard, a fin de enseñar en la fe i
cuando me enamoré de un apuesto y joven muchacho.
Comencé mi noviazgo con él y convencí a mis padres de
que me dieran permiso para casarme. Con poco menos
de diecisiete años me casé con George Parrish, en lugar
de ir a la universidad. Un año después tuvimos un hijo
varón, Darrell.

Durante este tiempo conocí a una señorita presbiteriana que trabajaba en la misma oficina que yo. Ella conocía
a Jesús, tenía una relación con el Señor como nunca antes
yo había visto. No me predicaba, pero su vida me inquie-
taba. No podía estar con ella ni lejos de ella. Quería estar
cerca para que se me contagiara lo que ella tenía. Pero cada vez que me acercaba me sentía culpable de mis pecados, a pesar de que no entendía entonces que era eso lo
que estaba sintiendo.

Ella estaba orando por mí, tenía personas metodistas y
presbiterianas de la clase de bíblica orando por mí. Ella sabía que no conocía a Jesús, aun cuando yo era maestra de
la escuela dominical, de la escuela bíblica de vacaciones,
miembro del coro y una fiel asistente a iglesia. ¿Quién
pensaría que yo no iría al Cielo? Pero cuando conocí a esta muchacha presbiteriana, repentinamente, por contraste,
me vi con una luz diferente.

Mi amiga no me hablaba acerca de mi alma. Ella solamente me contaba acerca del buen tiempo que habían tenido en la reunión de oración la noche anterior, y cuán
precioso había sido Jesús para ella. Podía hablar acerca de
Jesús como si fuera su novio. Me sonaba como una blasfe-
mia. Después de todo, ¿no era Jesús austero? ¿No le debía-
mos temor? ¿No era irreverente hablar de Jesús como lo
hacía esta muchacha?

Pero ella conocía a Dios en una forma en que yo nunca
lo había experimentado. Comencé a estar tan perturbada

que no podía dormir. Despertaba a mi esposo y le preguntaba: «Querido, si me muero antes de la mañana, ¿iré al Cielo?». Y él siempre me respondía: «Esa es la razón por la que me casé contigo Fuchsia; eres una buena chica. Sí, vas a ir al Cielo.»

Eso era todo lo que él sabía, pero alguien más me estaba diciendo algo diferente. La Tercera Persona de la Divinidad se convirtió en mi compañera de habitación por las noches, tratando de revelar a Jesús a mi oscura alma.

Los viejos himnos que había cantado toda mi vida en la iglesia metodista comenzaron a hacer eco en los pasillos de mi espíritu. Me recuerdo escuchando las palabras: «Él conmigo está, puedo oír su voz, y que suyo dice, seré; y el encanto que hallo en Él allí, con nadie tener podré»[1]

Mientras esas palabras flotaban en mi mente, repentinamente me di cuenta de que, o había estado cantando una mentira, o alguien había escrito una fantasía. No conocía lo que era ser suya, y nunca lo había escuchado hablarme a mí. En aquellas horas de la noche, el Espíritu Santo comenzó a hablar de valores eternos a mi alma.

## Está bien, con mi alma, está bien

Se había planeando una campaña de avivamiento para la ciudad, en el cual participaban todas las iglesias. Ellos lo hicieron con el motivo de la unidad, no por la salvación de las almas. No predicaron acerca de nacer de nuevo; se pusieron de acuerdo en no predicar mensajes doctrinales debido a las diferentes denominaciones representadas. Llamaron a personas de varias iglesias para cantar.

En aquella época yo podía cantar, pero no tenía una canción en mi corazón. Sin embargo, fui seleccionada para ser una de las cantantes, junto con la joven presbiteriana que estaba orando fervientemente por mi salvación. Íbamos a cantar un dúo. Puesto que yo era contralto, y el himno «Está bien, con mi alma, está bien» (Si paz cual un río) tenía una hermosa parte para dicha voz, sugerí que la cantáramos.

Esa noche, mientras cantábamos, pude hacerlo muy bien durante la primera estrofa. Para la segunda, mi voz estaba fallando. Durante la tercera había lágrimas en mis ojos. No le había pasado nada a mi garganta, pero no podía cantar más, porque por primera vez en mi vida tomé conciencia que *no* estaba bien con mi alma. Quería que alguien me dijera qué estaba mal conmigo; que me dijera que podía conocer a Jesús. Necesitaba saber *cómo* estar bien con mi alma. La gente aplaudió nuestra presentación de la canción, pero nadie me dijo lo que yo necesitaba saber esa noche antes de salir de la reunión.

Cuando llegué a casa, fui a mi dormitorio y abrí un cajón del vestidor para tomar mis pijamas. Repentinamente caí de rodillas, bajo un terrible poder de convicción. A mi corazón vino la revelación de mi necesidad por un Salvador.

El Espíritu Santo vino a mi espíritu y me dijo que aquello que había estado cantando era real. Lloré, clamando: «Oh, Dios; si hay tal cosa como el *conocer* aquello sobre lo cual estuve *cantando* por años en la iglesia, dímelo ahora. Déjame saber que estoy lista para ir al Cielo, que soy una hija de Dios.»

Sólo unos instantes después, como por un rayo de luz, mi ser interior fue sacudido por una experiencia de salvación a la vieja usanza metodista, y nací de nuevo. Supe que había sido «trasladado al reino de su amado Hijo» (Colosenses 1.13), y la melodía del Cielo se convirtió en el himno de mi espíritu. Soberanamente, Dios había venido a salvar a esta muchacha metodista. Había escuchado las oraciones de mi amiga presbiteriana, y de todos aquellos a quienes ella les había pedido que oraran por mí.

Esa noche comencé a cantar, y nunca he dejado de hacerlo desde entonces. Supe que había pasado de muerte a vida, y no le hubiera dado ni un centavo a un ángel en el Cielo que me dijera que había nacido de nuevo. No sabía cómo llamar a esto. No sabía si era regeneración, conversión o nacer de nuevo; sólo sabía que era real.

Salté en mis pies y miré a mi esposo, quien había estado parado allí, testigo de lo que había ocurrido. Y le dije:

—Querido, estoy bien con Dios. Algo me ha sucedido; no hay nada entre mi alma y mi Salvador.

Había sido removida de la oscuridad hacia la luz, y sabía que eso estaba bien con mi alma. Pensé que toda persona en el mundo quería conocerlo. Paraba a cada uno que veía en la calle para contarle de mi experiencia. Le testifiqué a todo el mundo que conocía y a los que no también.

## Llamada a predicar y enseñar

Poco más de un año después tuve otra visitación soberana de Dios. Estaba en mi habitación, esperando que George regresara del trabajo. Mientras permanecía recostada en mi cama, escuché una voz que me llamaba por mi nombre. Era más fuerte que cualquiera otra voz humana. Me levanté y pregunté:

—¿Sí...?

Mientras estaba sentada por un momento, sentí que mi habitación se llenaba de la presencia de Dios. Nadie me contestó, por lo que volví a recostarme.

Pocos momentos después, me desperté al oír nuevamente esa voz, llamándome por mi nombre. Me senté y supuse que debía ser la gente que vivía en el piso de arriba. Me levanté y miré por las escaleras, pero no escuché ni un solo sonido. No había nadie en la casa. Volví y me recosté nuevamente en mi cama. A la tercera vez, escuché mi nombre en voz alta. Caí al costado de mi cama, temblando, y pregunté:

—Dios, ¿eres tú?

Él contestó:

—Sí, Fuchsia. Quiero que prediques y enseñes mi palabra.

Una de las más grandes bendiciones de mi herencia era la enseñanza de mis padres sobre el obedecerlos. Mi padre, el mejor amigo que he tenido en la tierra, me enseñó a obedecerlo y amarlo para agradarlo. Por lo tanto, cuando el infinito, todopoderoso, eterno y trino Dios —mi Padre Celestial— vino a mi habitación, me llamó por mi nombre, y me dijo que Él deseaba que predicara y enseñara su Palabra, ni cuestioné si tenía o no la opción de obedecerlo. Mi padre terrenal me había enseñado la obediencia incondicional.

Sabía que había escuchado la voz de Dios, y nadie podía decirme que no debía predicar por ser mujer. No pensé que algún comité o junta necesitaba determinar, según su teología, si yo podía o debía alimentar a sus ovejas, tal como Él me lo había pedido.

Esa noche me rendí a Dios, a pesar de no saber cómo o cuándo iba a cumplir el mandato que Él había puesto sobre mi vida. Era una esposa y una joven madre. No parecía que pudiera adquirir la preparación necesaria para predicar el evangelio, pero Dios siempre provee cuando ha encomendado a un corazón obediente.

Mi esposo era un suboficial de la Marina durante el último tiempo de la Guerra de Corea. Fue llamado nuevamente a la actividad y eso me permitió entrar al colegio bíblico, donde Dios, soberanamente, había abierto la puerta. Él me puso en la escuela bíblica de la Universidad John Wesley, en Greensboro, Carolina del Norte. Eso ocurrió mientras mi esposo estaba fuera, en la Marina, y mi hijo era pequeño.

Después de la graduación, Dios me guió al ministerio, abriendo puertas para predicar la Palabra. Nunca había escuchado sobre una mujer predicadora. Mi madre estaba afligida con la perspectiva de mi predicación, por lo que se puso ropa negra y se lamentaba, diciendo que su hija moriría. Sin embargo, yo sabía lo que había escuchado de Dios y no sería disuadida. (En años posteriores, felizmente, me convertí en el pastor de mis padres. Después de la muerte de Papá, mi madre llegó a ser uno de mis más grandes apoyos.)

Dios, soberanamente, se me había revelado a Sí mismo como Salvador y Señor, y me había llamado al ministerio. Él me abrió el camino para que pudiera ir a la escuela bíblica y me graduara en la universidad de Carolina del Norte. Sabía que había sido llamada a predicar su Palabra, aunque eso era más inusual para una mujer de lo que es ahora. Aun así, Él abrió puertas a lo largo de todo el país para reuniones.

Mi primer marido, quien ahora está en los cielos, fue salvo en nuestra casa una semana después de ser testigo de mi dramática conversión. Se convirtió en un hermoso solista y cantaba en nuestras reuniones. Más tarde, cuando pastoreábamos, dirigía la música y el coro. Trabajamos en el Reino juntos, como un equipo, caminando alegremente unidos en el ministerio. Éramos creyentes sinceros, viviendo de acuerdo al entendimiento que habíamos tenido en nuestro adiestramiento en la Palabra. Pero Dios nos puso en un camino doloroso, que nos trajo a un lugar de revelación del que nunca habíamos escuchado hablar.

## Rodeada por la tragedia

Durante esos días, la tragedia llegó a nuestra familia. Mis padres perdieron dos hijos por enfermedades genéticas en los huesos. No mucho después comencé a pastorear. Mi hermano, mientras aún vivía, asistía a nuestra iglesia junto con su hijo. Me dijo que su hijo estaba manifestando algunos síntomas alarmantes, los cuales indicaban que padecía del mismo mal. En los meses siguientes vimos morir lentamente al niño. Al presente, todos los varones de mi familia han muerto, excepto mi propio hijo y uno de mis hermanos.

Luego se enfermó mi papá. Vi a este gran hombre, miembro de la junta de mi iglesia, quien había caminado devotamente con Dios —mi «Papá»— desgastarse. Todo lo que podía hacer era pararme a su lado, sin poder hacer nada, y sin saber por qué tenía que suceder todo esto.

Luego, un día, durante la última etapa de su enfermedad, mi cuerpo comenzó a registrar alarmantes signos de cierto mal. Instintivamente sentí que mis días de ministerio pronto llegarían a su fin. Volví a casa para estar un tiempo con Papá antes de su partida. Durante uno de esos días tuvimos la más providencial de las conversaciones. Había sido el pastor de mi padre por nueve años, y habíamos disfrutado el compartir la Palabra de Dios. Pero ese día él vino a la habitación donde yo estaba sentada, mostrando un gran dolor en su rostro y con la Biblia en la mano.

Me miró y dijo:

—Hija, creo que hemos perdido algo; ¿no es cierto?

—¿Por qué, Papi? —pregunté.

—Estaba leyendo acerca de Elías. Él conocía a Dios, y pienso que nosotros no lo conocemos en nuestros días.

Me miró a la cara y disparó esta pregunta:

—Pastor, ¿dónde está el Dios de Elías?

Cuidadosamente le expliqué, tal como yo había sido enseñada, acerca de la sanidad y los milagros. Dije, amablemente:

—Papi, nosotros ya no necesitamos eso ahora; las Escrituras nos enseñan que al venir lo perfecto, esos dones ya no estarán más. Jesús es el Perfecto que ha venido, por lo que no necesitamos ya más milagros de sanidad. Tenemos la Palabra escrita; la Palabra ha venido.

Esa fue la última conversación convincente que tuve con mi padre.

Fui a la casa de ellos para ayudar a mi madre a cuidar a Papá. Pero mi enfermedad llegó a tal punto que me lamenté con mi cuñada:

—No le digas a mi madre por qué, pero no podré quedarme hasta el fin de semana. Estoy tan descompuesta que mejor voy a ver a mi doctor. Por favor, no le digas el motivo a Mamá; ya tiene suficiente con Papá.

Y sin explicarle el por qué, le dije a mi madre que regresaba a casa.

El sábado a la mañana fui a mi estudio, sintiendo como si cada hueso de mi cuerpo estuviera roto, especialmente mi columna vertebral. Cuando entré al estudio, un dolor golpeó la base de mi cuello, y se extendió hasta mis piernas, sacudiendo mi columna. Caí al piso y lloré de dolor. Luego esforcé mis pies y fui hasta la puerta, gimiendo por ayuda. No sabía dónde estaba.

Mi esposo y mis amigos me encontraron, me levantaron y me llevaron a la cama. No me percaté de lo que sucedía a mi alrededor hasta el siguiente martes. Mientras estaba recostada, me di cuenta de que mi esposo estaba a los pies de la cama, hablando con un pastor nazareno.

Lo escuché preguntarle:

—¿Por qué? ¿Puede usted decirme por qué esta mujer, que ama a Dios con todo su corazón, y ha estudiado su Palabra toda su vida a fin de estar capacitada para adiestrar a hombres y mujeres en el mensaje del evangelio, tiene que sufrir así?

Mi primer pensamiento fue que él parecía amargado. Le dije:

—Querido..., está bien, no te preocupes.

Me condujeron al hospital en Carolina del Norte, donde está asentada mi historia clínica. Me pusieron en la máquina de tracción y me rodearon de bolsas de arena. Me dieron cortisona y todo tipo de analgésicos para calmar los dolores. Previo a mi internación, yo había escrito mis deseos para el funeral. Había también escogido a aquellos que deseaba que portaran el féretro, y hasta comprado un espacio en el cementerio. Mi tumba tendría lugar en el Cementerio Overlook, en Eden, Carolina del Norte. Lo único que faltaba era grabar la fecha en la lápida, y un cuerpo en el lote.

Una tarde, poco después de que mi esposo dejara mi habitación en el hospital, lo escuché volviendo desde el pasillo. Se había ido hacía sólo unos pocos minutos, y no se suponía que debía regresar tan rápido. Aun así reconocí sus pasos hacia mi habitación. Mientras se acercaba a la puerta, dijo:

—Mi amor...

—¿Si, cariño?

Mi cabeza estaba sujetada con correas a la almohada, y yo estaba acostada entre bolsas de arena. Le dije:

—Volviste muy pronto... Ven donde pueda verte.

Tan pronto como regresó, intuí que algo estaba mal. Vi que alguien estaba detrás suyo. La enfermera puso una inyección en mi brazo; una medida precautoria que el médico había tomado. Él le había dicho a mi esposo: «Será difícil para ella aceptar esta noticia.» Él sabía que mi papá era una de las personas que yo más quería en la tierra.

George me dijo:

—Querida, te traigo malas noticias. Papá está muerto. Ha partido hoy.

Comencé a llorar.

A pesar de mi condición física, determiné ir al funeral. Las enfermeras me sujetaron firmemente a la camilla, tomando precauciones de que no me lastimara. Me llevaron a la ambulancia y viajamos noventa kilómetros hasta la casa de mis padres. Fui al cementerio en la ambulancia, detrás del automóvil que llevaba los restos de mi papá.

Era la sexta vez que escuchaba al predicador decir: «ceniza a las cenizas; polvo al polvo», cuando enterraban a un precioso miembro de mi familia. No quería volver a escuchar esas palabras. Les pedí que no bajaran el ataúd al pozo en mi presencia. Lo pusieron en el montículo al lado del hoyo, el cual estaba cubierto por un paño verde.

Mientras la ambulancia que me llevaba daba la vuelta para retornar al hospital, miré por la ventana trasera y dije:

—Adiós, Papá. Estaré contigo en unos pocos meses.

Sentía que estaría con él pronto. Estaba lista para encontrarme con Dios. Me encontraba «pagada, orada y empaquetada»; lista para irme. Había predicado, pastoreado y enseñado por diecisiete años para Él. Había llevado el evangelio a mucha gente, enseñado la Biblia a estudiantes, predicado en reuniones de campamentos. Sabía que estaba lista para ir al Cielo.

Un día, varias semanas después del funeral de Papá, el doctor vino a mi habitación en el hospital y me dijo:

—Fuchsia, te vamos a poner un aparato en el cuello y te dejaremos ir a casa por unas pocas semanas. Luego te traeremos y terminaremos de unir tu espalda, para prevenir hemorragias.

Las enfermeras me pusieron el aparato, y me fui a casa.

## Una intervención milagrosa

Había estado mi casa por unos pocos días cuando me dieron la noticia de que se había organizado una reunión con muchos de los maestros con quienes yo había enseñado. Sería el próximo domingo a la mañana. Le pedí a una amiga que consultara con el médico si yo podía asistir a ese servicio. Él consintió en que fuera. Tomé analgésicos para el dolor, y mi amiga me llevó los casi cien kilómetros que había hasta el lugar de la reunión, la cual asumí como mi última.

La iglesia donde sería la reunión no era una de las que yo hubiera escogido. Era la Primera Iglesia Pentecostal de Santidad, en Danville, Virginia. Estaba yendo solamente porque los maestros con quienes había trabajado estarían allí esa mañana. Era una de esas iglesias a las que consideraba «extrañas». Había aproximadamente unas seiscientas personas esa mañana allí.

Ahora yo era una profesora de la universidad. Había estado enseñando y pastoreando, y haciendo programas de radio. Me consideraba a mí misma una mujer inteligente. Además, amaba a Dios con todo mi corazón. Creía en la encomendación, la consagración y la santidad. Como resultado de mi elección de asistir a una reunión en una iglesia extraña, fui llevada a un lugar con el cual yo no estaba de acuerdo, ni en lo doctrinal ni en la practica.

Después me enteré que a las 4:00 de la mañana, ese mismo domingo, Dios había despertado al superintendente retirado de la Iglesia Pentecostal de Santidad, de 77 años de edad, quien sería el predicador invitado esa mañana. Él había sido pastor allí con anterioridad, y Dios le dijo que predicara cierto mensaje. El Señor había hecho arreglos para sacar del púlpito al pastor actual. (Más tarde le dije al pastor que si él hubiera estado predicando esa mañana, yo estaría muerta. Él había aprendido a dirigir la iglesia de tal forma que esta había llegado a ser respetada y socialmente aceptada. No había muchas manifestaciones emocionales ni lenguas. Todo se hacía en horario, al punto de que la congregación era despedida a las 12:00 en punto del mediodía.)

Ya que la congregación había perdido su anterior espíritu de avivamiento, un grupo de oración, de unas sesenta y cinco santas personas, se encontraba todos los lunes a la noche en una de las salas internas, para pedir a Dios por un avivamiento. En ese grupo de oración estaba una de mis anteriores estudiantes, quien era ahora una de las maestras con quienes me encontraría esa mañana.

Ella había estado pidiendo al grupo que orara por mi sanidad. Llamaba cada semana a mi vecina, una mujer luterana, para ver cómo seguía mi salud. Cada semana, mi vecina le decía: «Está peor.» Y Edna respondía: «Alabado sea el Señor.» Mi vecina luterana pensaba que Edna era una mujer extraña.

Cuando fui llevada al interior de la iglesia ese domingo, el grupo de oración estaba expectante, porque sabían que la plataforma había sido «preparada» para que Dios hiciera un milagro.

Yo le había dicho a mi amiga que me llevaba a la iglesia:

—Si no hay otra cosa arreglada, quiero que traigas a Edna a mi lado. Antes de dejar este mundo, me gustaría corregir sus pasos. Se ha metido en una iglesia extraña y está confundida. Realmente quisiera salvarla de esto.

No sabía que no era Edna sin yo quien sería corregida ese día.

Durante el servicio, el predicador invitado dio el mensaje que Dios le había señalado esa madrugada. Él había debatido con Dios, diciendo que ya había predicado ese sermón en esa iglesia, cuando era el pastor. Dios, simplemente, le dijo: «Tu predica; yo tengo buena memoria.»

Él comenzó su sermón con una profunda y ferviente convicción, declarándonos la realidad del Dios de Elías. Mis pensamientos se remontaron hacia la última conversación que tuve con mi papá. Me encontré a mí misma capturada por las palabras de este santo varón. Repentinamente, se movió desde atrás del púlpito, se paró al costado, y me miró directamente a los ojos, diciendo:

—Mi amada hermana, tu seguiste a tu ser más querido sobre esta tierra y lo dejaste sobre un montículo verde. Sin embargo él no se llevó a tu Dios con él. Él quiere que sepas que el Dios de Elías está aquí en esta iglesia, y que es el mismo hoy, tal como siempre lo ha sido.

Sentí que mi papá había llegado al Cielo, y que le había dicho a Dios que abajo, en la tierra, tenía una hija tonta que necesitaba saber que el Dios de Elías aún estaba vivo.

Estaba aturdida. Sentí como si alguien me hubiera golpeado en las costillas. Sabía lo que era eso, porque yo había estado hablando con Él por diecisiete años. Era mi Salvador.

Él me dijo que pasara adelante para oración. Rápidamente descarté ese pensamiento como imposible; ni siquiera podía pararme. El predicador comenzó a concluir el servicio, pero luego hizo una pausa para decir:

—Me siento extrañamente guiado a cantar un viejo himno metodista. ¿Conocen aquel viejo himno «Majestic Sweetness Sits Enthroned»?*

El líder de adoración contestó:

—Sí, lo conocemos. Saquemos nuevamente nuestros himnarios.

---

* Es un himno que en sus frases habla de la grandeza de la persona del Señor, y de cómo nos libra de la muerte.

A renglón seguido, la congregación de la Primera Iglesia Pentecostal de Santidad le cantó un himno metodista a esta pastora metodista, quien estaba sentada en medio del dolor, con los arreglos de su funeral ya listos.

Nuevamente, sentí al Espíritu Santo diciéndome: «Pasa adelante por oración.» Yo respondí: «No han llamado al altar. ¿Cómo voy a ir ahora?»

La iglesia continuó con otra estrofa: «*Él me vio en profunda aflicción, y corrió en mi socorro.*» Nuevamente, lo escuché diciendo: «Pasa adelante por oración.»

Ya estaban terminando el himno, y yo oré: «Señor, si este eres tú, haz que canten otra estrofa.»

Terminaron el himno, y cerraron los himnarios. Pero el predicador dijo:

—¿No tiene otra estrofa este himno?

—Sí —contestó el líder de alabanza.

—¿Podemos cantarla, por favor? —pidió el predicador.

Entonces la cantaron.

Tironeé del vestido de la muchacha que me había llevado a la iglesia, y le dije:

—¡Párame!

Ella me miró extrañada, pero percibió el tono de mi voz, y se dio cuenta de que no podía negarse. Entonces, manipulando mi aparato, me paró. Arrastrando mi débil cuerpo en mi aparato, agarré mi Biblia, fui hacia adelante donde estaba el pequeño hombre, lo miré a la cara y le dije:

—Señor, yo no sé por qué estoy aquí, pero tengo el presentimiento de que a Dios le gustaría que esta gente orara por mí.

Él dijo:

—Está bien.

Fue hasta el púlpito y sacó una pequeña botella. Luego me engrasó y oró «En el nombre de Jesús...», como si nunca yo lo hubiera escuchado antes. Esto cambió mi vida —y mi teología— totalmente. Repentinamente, mis ojos estaban sobre Jesús, y tuve una muestra de la gloria aún no revelada de cuando Jesús se encuentra en medio nuestro.

Nada dramático pasó en mi cuerpo cuando ese hombre oró. Dios, simplemente, me habló acerca de mi consagración. Él me pidió que me rindiera a Él de la misma forma que lo había hecho la noche en que me llamó a predicar. Lo hice. En mi limitado entendimiento creí que había sido ungida para mi entierro. Comenzando a arrastrarme a mí misma en mi aparato, regresé a mi asiento.

Cuando alcancé mi lugar en la séptima hilera de bancos, escuché de pronto una voz de trueno: «Si quisiereis y oyereis, comeréis el bien de la tierra» (Isaías 1.19). En un instante las palabra «de la tierra» se encendieron delante mío como luces de neón.

Me detuve en seco y miré esas palabras: «de la tierra.» Me di cuenta en ese momento que ellas no se referían al Cielo. «Comer el bien de la tierra» significa «aquí y ahora». Me apropié por fe de ese entendimiento. Tuve una señal en mi espíritu de que viviría, a pesar de que aún no sabía que sería sanada.

Luego escuché al Señor preguntarme: «¿Estás deseosa de ser identificada con esta gente; de ser uno de ellos?»

Antes de que tuviera tiempo de echar mano a mi teología para argumentar contra Él, dije: «Sí, Señor.» Luego me di vuelta, y vi al hombre que había predicado esa mañana, y pregunté:

—Señor, ¿puedo decir algo?

El dijo:

—Por supuesto; los testimonios siempre están a la orden en esta iglesia.

Levanté mi Biblia, parada allí, en medio de las lágrimas, todavía en mi aparato, pensando que así era como de ahora en más debería predicar el evangelio:

—Voy a vivir. Jesús acaba de decírmelo.

Giré nuevamente y comencé a dirigirme hacia mi asiento. Repentinamente, el poder de Dios golpeó la base de mi cuello, fue hacia abajo por mi columna, y cruzó a través de todo mi cuerpo. El poder milagroso y sanador de

Dios me puso, nuevamente, todo en su lugar, en forma instantánea. Era el infinito, trino y omnipotente Dios quien me había tocado esa mañana. Y cuando Él me liberó, comencé a saltar, correr, danzar y gritar. Había sido golpeada por el poder de la resurrección, el cual me había sanado y liberado.

Una hora y veinte minutos después —en el mismo servicio, con la misma gente— más de la mitad de las seiscientas personas presentes habían sido visitadas por el Espíritu Santo. Dios había traído avivamiento, en respuesta a las oraciones de aquellos que habían estado orando cada lunes a la noche, durante casi un año, por un avivamiento y por mi sanidad.

Esa mañana corrí por los pasillos cuando aún no podía creerlo. Tenía mis manos alzadas, a pesar de que nunca antes las había levantado para orar. Grité y la otra gente gritó. Finalmente terminé en una esquina del salón. Ellos dijeron que dancé y grité: «No estoy herida.» Luego comencé a sacarme el aparato. Previamente había sufrido en mis huesos el peor dolor que suponía era posible ser experimentado por un ser humano.

Finalmente, allí estaba, parada en la esquina del salón, con mis manos alzadas, llegando a estar exhausta en gratitud por este inesperado milagro. Me escuché a mí misma decir: «Bendito sea el Señor. ¡Ohhh!, mi alma y todo lo que está dentro mío bendiga su santo nombre.» Mientras estaba parada allí, frente a la pared y con lágrimas de gozo en mis mejillas, tratando de agradecerle a Él, mi alma comenzó a bendecirlo en un lenguaje que nunca antes había aprendido o escuchado. No solo había sido sanada desde la punta de mi cabeza hasta mis pies, sino que había sido llena del Espíritu Santo.

Manejé mi propio automóvil los casi cien kilómetros de regreso a casa. En el camino paré en la casa de mi madre. Fui corriendo a contarle las buenas noticias, y ella casi se desmaya al verme. El siguiente martes fui a ver al médico. Mientras caminaba hacia el consultorio, sin ayuda y sin el aparato, le pedí a la enfermera que no le dijera ni una sola palabra de esto al doctor. Di un brinco para atrás y me senté en la camilla de examinación. La enfermera estaba consternada por mis acciones, y me gritó, diciendo que tuviera cuidado. Dejó el consultorio para buscar al médico.

Él era un predicador laico bautista. Luego de examinarme detenidamente, de hacer rayos x y análisis de sangre, me miró y dijo:

—Fuchsia, esto es un milagro. ¡Salta de la camilla, muchacha!

Salté de la camilla, y el puso su brazo alrededor de mi cintura. Caminamos hacia afuera, al área de recepción, a una sala llena de gente, y dijo a la recepcionista:

—Tacha su nombre de nuestros libros. Ella ha estado en el registro de los doctores desde que tenía 18 años. Lo único que ahora necesitará son algunas vitaminas, porque tengo el sentimiento de que ella no parará, no importa dónde vaya.

Luego se dio vuelta hacia la gente que estaba en la sala de espera, y dijo:

—Esto es lo que la fe puede hacer.

Y me declaró completamente sana.

## Más hermoso que la sanidad

Sabía que no viviría más que unos pocos meses si Dios no intervenía milagrosamente en mi vida y curaba mi cuerpo. Aquello fue hace unos cuarenta años atrás, y he disfrutado los resultados de ese milagro todos estos años. No obstante, me ocurrió algo más hermoso que la sanidad física en aquel domingo a la mañana. Pocos días después de la sanidad, me di cuenta que el bautismo del Espíritu Santo que recibí aquel día me llevó a una nueva relación con Dios.

Mi divino Maestro había venido a llenarme con Él

mismo, y corrió el velo entre mi alma y mi espíritu. Él intervino en mi desesperada circunstancia y me sanó milagrosamente cuando mi mente no aceptaba la doctrina de la sanidad. Por primera vez en mi vida comencé a comprender, a través de la revelación, las mismas Escrituras que había estudiado y enseñado fielmente por años. Ellas vinieron a vivir en mí, no como una información sino como un poder que estuvo trabajando en mí y transformando mi vida.

Toda mi teología y conocimiento de la Palabra fue cambiada por la sanidad que había recibido, y por el bautismo del Espíritu Santo que había experimentado. Yo declaré: «Si fui tan errada en la comprensión de aquellas cosas, ¿qué otro error hay en mi teología?» Mi Maestro, el bendito Espíritu Santo, la Tercera Persona de la Trinidad, vino a tener «su aula de clases» en mi espíritu. Él me dejó ver que «su clase» siempre había estado abierta. No como las mías, que sólo funcionaban por sesenta o noventa minutos cada vez. Pude preguntar todas las cuestiones que quería en cualquier tiempo; de día y de noche. Él estaría allí para ayudarme a entender lo que Él realmente quería decir cuando escribió El Libro.

Fui profundamente llamada a la consciencia de que mi intelecto no había estado dispuesto para entender la realidad de un Dios omnipotente, a pesar de todos mis años de estudio. Fui ingresando a una aventura espiritual en la cual fui como una niña, sentándome a los pies de mi Maestro y pidiéndole que me enseñara. Por los próximos cinco años, no fui a la cama más que dos o tres noches a la semana. Estudié las Escrituras, y el Espíritu Santo me dio el entendimiento de cómo ellas se unían. A partir de allí buscaría todas las referencias sobre una simple palabra, descubriendo cómo esa palabra unía el Antiguo Testamento con el Nuevo Testamento.

A medida que la Palabra de Dios se fue haciendo viva en mí, el Santo Espíritu fue escribiendo sobre la tabla de mi corazón. Desde Levítico hasta Hebreos, y desde Josué hasta

Efesios, comencé a ver que la Biblia era mucho más que el Logos (escrita) Palabra de Dios. Fue Cristo, la Palabra Viviente, quien vino a ser en mi vida.

Nada ha sido desechado aún por Dios. Aquellos diecisiete años en que estudié y prediqué sobre la Palabra de Dios, y en los cuales proclamé las Buenas Nuevas a las gentes, me prepararon para la maravillosa revelación de Dios que experimentaría después de recibir el bautismo del Espíritu Santo. La Palabra de Dios es la base para toda la revelación divina, y el conocimiento de Dios hace crecer nuestra capacidad para recibir esa revelación de Cristo. Aunque mi conocimiento de la Palabra de Dios fue comprobada como pobre a la luz del Espíritu Santo, Él estuvo dispuesto a usarlo como un punto de referencia, para mostrarme la verdad de lo que Él realmente piensa.

Puesto que podemos comprender la base de toda la revelación divina, es importante que consideremos y comprendamos la autoridad de las Escrituras.

*«Toda la Escritura*
*es inspirada por Dios,*
*y útil para enseñar,*
*para redargüir, para corregir,*
*para instruir en justicia,*
*a fin de que el hombre de Dios*
*sea perfecto,*
*enteramente preparado*
*paratoda buena obra.»*

2 Timoteo 3.16,17

# 3

# Las bases de toda la revelación verdadera

---
❖
---

## La autoridad de las Escrituras

Nosotros no nos atrevemos a decir que hemos recibido revelación fuera de la Palabra de Dios. Al hacerlo, nos exponemos al error y a un completo fraude del enemigo. La Palabra de Dios es verdad, y debemos comparar siempre, cuidadosamente, cada escritura con el resto de las Escrituras, a fin de apoyar cualquier doctrina que abracemos, y cualquier revelación que recibamos.

En el mundo eclesiástico actual hay quienes han negado la inerrancia* y la autoridad absoluta de las Escrituras, así como aquellos que han abierto sus mentes al pensamiento relativista y a la ética de situación. No podemos esperar recibir revelación de Dios sin aceptar el hecho de que las Escrituras no sólo son verdad inerrante, sino también nuestra única fuente de verdad absoluta.

---

* En ámbitos cristianos evangélicos hispanos se ha usado extendidamente el anglicismo inerrancia para definir la calidad de «falta absoluta de error» en la Biblia.

A través de la Historia, diferentes hombres y mujeres han escrito libros que contienen sus revelaciones privadas, atribuyéndoselas a Dios, mientras pertenecían a sectas religiosas y cultos que engañaron a muchos corazones, y guiaron a miles fuera de la verdad. Como cristianos debemos ser muy cuidadosos de no abrirnos a nosotros mismos a lo que otros reclaman como «revelación divina», sin confrontar sus ideas con la Palabra de Dios escrita. *Las Escrituras constituyen la única base de toda revelación verdadera.*

Los cristianos evangélicos sostienen dos pensamientos acerca de la Biblia: que es *divinamente inspirada*, y que es la *autoridad absoluta* en todo asunto de fe y conducta. La Biblia no es un registro de la búsqueda de los hombres por Dios, según ellos han ido subiendo una escalera de cultura y civilización a través de los siglos. En lugar de eso, la Biblia es la verdad de Dios desplegada ante los hombres, para que ellos puedan encontrar una senda para regresar a Dios, y una base para seguirlo.

El cristianismo bíblico es la revelación de Dios; no una fe creada por el hombre, resultado de erróneas conclusiones humanas. El canon completo de las Escrituras —los sesenta y seis libros, ni uno más, ni uno menos— es la completa Palabra de Dios para nosotros. Solo la Biblia es la Palabra de Dios.

## Inspiración divina

Es totalmente razonable creer que Dios escogió dar al hombre una reseña digna de confianza sobre la revelación de su verdad. El registro de esta revelación —la Biblia— es un libro inspirado e infalible, dado por Dios al hombre para edificación, guía y bendición. Esto es una creencia fundacional del cristianismo. El cristianismo permanece en pie o se desmorona con la verdad o falsedad de la Biblia.

Si la Biblia es solo obra del hombre, nunca podremos tener dónde apoyarnos para obtener respaldo espiritual.

Si no es más que una labor humana, entonces no es más que una mera compilación de ideas humanas sobre ética y moralidad, entretejidas con la historia del pueblo judío. Pero la Biblia es más que una obra humana; es la obra inspirada y la Palabra de Dios.

Los cristianos evangélicos de todas partes del mundo están unidos en la doctrina de la inspiración de las Santas Escrituras. Sin embargo, hay una admirable diversidad de opiniones actuales sobre lo que significa la *inspiración*. Esta divergencia es problemática, puesto que si hay una verdad en la cual los cristianos deben estar firmemente establecidos, es en la doctrina de la inspiración de las Santas Escrituras. No solo debemos estar de acuerdo acerca del hecho de la inspiración, sino también sobre el método de la misma.

## Definiendo la inspiración

La inspiración es un acto especial del Espíritu Santo, por medio del cual Él guió a los escritores de las Escrituras, asegurándose de que sus palabras fueran libres de error y omisión, y que ellas eran vehículos de los pensamientos deseados por el Espíritu Santo. Nuestro concepto moderno del término *inspirado* viene del latín *inspirare*, que significa «soplar dentro de algo» (*Diccionario Anaya de la Lengua*). En griego se combina *Dios* con *aliento*. Esas dos palabras se usan juntas en la Biblia para decir *theopneustos*, lo cual es traducido como «inspirada por Dios».

Por *inspirada* queremos decir que el contenido de la Biblia fue comunicado a los escritores por el Espíritu Santo. Es por eso que la Palabra de Dios es inspirada; escrita por manos humanas, moldeadas en algún grado por los pensamientos humanos, y usando palabras humanas. Bajo la influencia del Espíritu Santo, los escritores fueron impedidos de escribir cualquier cosa que no fuera lo que Dios deseaba. Él, entonces, controló al escritor de manera que todo lo que escribiera fuera correcto y exacto.

## Definiendo la inerrancia y la infalibilidad

Por *inerrancia* se quiere definir al estado de «libre de todo error». Por *infalibilidad* entendemos que algo «es incapaz de fallar o equivocarse». La Palabra de Dios es infalible porque Dios mismo es infalible. Lo que la Biblia afirma es que debe ser recibida como la infalible palabra del infalible Dios. Creer en la inerrancia y en la infalibilidad de las Escrituras es creer que ellas son de una autoría divina y que tanto Dios como su Palabra son totalmente dignas de confianza.

La infalibilidad de la Biblia se aplica a los manuscritos originales, no a las versiones posteriores ni a las traducciones. De todas maneras, eruditos competentes han traído nuestras versiones españolas a un remarcado grado de perfección, y podemos descansar con confianza en la creencia de que ellas son autoritativas.

Los cristianos evangélicos se encuentran a sí mismos en una total desaveniencia tanto con los teólogos liberales como con los de la neortodoxia. El liberal niega la infalibilidad de las Escrituras, mientras que el neortodoxo cree solo en partes de ellas, las cuales llegan a ser significantes para él a medida que las lee, confiriéndoles así autoridad. Algunos creen que la Biblia es un instrumento imperfecto, a través del cual Cristo, quien es la Palabra de Dios al hombre, es revelado. Esto implica que no podemos confiar en la Biblia.

¿Qué, entonces, es perfecto, y qué imperfecto? La respuesta viene fuerte y claramente en una cita anónima:

> «*¡Las Escrituras vienen de Dios! Vienen totalmente de Dios; provienen enteramente de Dios. ¡La Biblia es Dios hablando en el hombre; es Dios hablando por el hombre; es Dios hablando como hombre! Es Dios hablando a través del hombre, pero de todas formas es Dios.*»

## Escritores falibles

Dios creó al hombre soplando en él aliento de vida, por lo que este se convirtió en «alma viviente». En una forma similar, Dios sopló en los escritores de las Sagradas Escrituras, por lo que cada uno de ellos pudo registrar la palabra inspirada de Dios. La Biblia nunca declara que el *hombre* que escribió fuera inspirado; solo sus escritos lo fueron. El hombre era falible; las Escrituras que ellos escribieron son infalibles.

Moisés perdió su temperamento y mató a un hombre. Pero eso no cambia el hecho de que el Espíritu Santo lo guardó de errores cuando él escribió el Pentateuco. Puede hacerse una declaración similar acerca de David. Él pecó, no obstante Dios lo usó para registrar porciones de la Palabra infalible.

Para aceptar la infalibilidad de las Escrituras escritas por hombres falibles, puede ser de ayuda el trazar una analogía entre Jesús y la autoría de la Biblia. En la concepción de Jesús, el Espíritu Santo vino sobre María y «el poder del Altísimo» la cubrió, a fin de que la santa persona nacida de ella fuera llamada «Hijo de Dios» (Lucas 1.35).

Jesús era judío; no latino, nórdico, indio o negro. Era reconocible como hombre, y sin duda tenía las características físicas de la raza judía. Aun así, Él también era divino: el Hijo de Dios.

El Espíritu Santo vino sobre la virgen María e hizo que ella concibiera al Jesús humano en su vientre. En una forma similar, el Espíritu Santo cubrió las facultades mentales de los autores de los Escritos Sagrados, haciendo que ellos escribieran la Biblia. Sus escritos llevan el sello de la personalidad humana. Las características y el vocabulario de los individuos son evidentes.

Sin embargo, los escritos no están contaminadas con fallas humanas, como por ejemplo las características personales, de la misma forma en que las características físicas judías de Jesús no contaminaron su absoluta deidad.

Sabemos que Dios lo hizo, aun cuando no sabemos cómo. Él nos dio la Palabra Viviente libre de pecado, y la escrita libre de error.

## Inspiración verbal

La inspiración verbal significa que cada palabra en los manuscritos originales fue inspirada por Dios. Con esto no queremos significar que los escritores eran meros secretarios, quienes solo tomaban dictado del Todopoderoso. No eran robots. Cada escritor bíblico usó sólo aquellas palabras de su vocabulario, las cuales el Espíritu Santo aprobó e impulsó a emplear. En algunos casos esto fue un dictado directo, como cuando Moisés escribió las direcciones exactas que Dios le dio para el Tabernáculo. En otros caso fue menos directa, aunque no menos exacta.

Dios usó cuarenta hombres para escribir los sesenta y seis libros. Ni siquiera dos de esos hombres eran iguales, pero Dios usó los vocabularios, estilos y personalidades de cada uno de ellos para registrar su revelación exacta. En otras palabras, la autoría humana fue respetada hasta el punto en que las características de los escritores fueran preservadas, y sus estilos y vocabularios fueron utilizados sin error. Esto involucra una misteriosa interacción entre el Espíritu de Dios y el hombre.

## Inspiración plena

La inspiración plena significa que la inspiración de las Escrituras fue total y no meramente parcial. La inspiración verbal trae una exactitud que asegura la total inspiración para cada porción de la Biblia.

Por lo tanto, la Biblia entera es inspirada por Dios; es palabra infalible que ha sido escrita por hombres falibles.

Las diferentes partes fueron producidas bajo distintas clases de inspiración.

1. Hubo guía divina en la narración y selección de los hechos que serían registrados, en los casos donde el autor relata escenas y dichos que él observó personalmente.

2. Hubo inspiración resultante de la operación del Espíritu Santo en las facultades humanas, como en aquellas ocasiones cuando los escritos no eran una narración de eventos pasados, una predicción de eventos futuros o una declaración del camino de salvación. Por el contrario, el escrito era una expresión de grandes verdades morales y espirituales.

3. Hubo guía divina cuando el escritor dio a luz los pensamientos de Dios sobre grandes doctrinas y temas morales, o cuando él expresó los pensamientos internos de alguien sobre el cual estaba escribiendo. Como ilustración, Mateo, cuando escribió sobre la mujer sobre el flujo de sangre, dijo: «porque decía dentro de sí...» (Mateo 9.21). ¿Cómo podía saber Mateo lo que ella había dicho en su interior, a no ser que el Espíritu se lo hubiera revelado?

## La inspiración declarada en las Escrituras

La doctrina histórica de la inspiración verbal plena de la Biblia se encuentra actualmente bajo grave ataque. Sin embargo, el cristiano no debe basar su defensa de esta vitalmente importante doctrina solo por el hecho de que es histórica. Ella debe ser defendida porque el Señor Jesucristo y la Biblia misma declaran y demandan esto. La revelación de la Palabra Viva a nuestros corazones es imposible sin esto.

Cuando los fariseos solicitaron a Jesús que resolviera

una disputa, este contestó: «¿Qué está escrito en la ley?» (Lucas 10.26). El apóstol Pablo, en una forma similar, dijo: «Porque ¿qué dice la Escritura?» (Romanos 4.3; Gálatas 4.30). Incuestionablemente, la Escritura enseña su propia inspiración. A medida que buscamos en las Escrituras podemos encontrar las palabras «Así dijo el Señor» o sus equivalentes, casi dos mil veces —mil trescientas de ellas solo en los libros proféticos.

El testimonio de Cristo sobre la inspiración y la autoridad del Antiguo Testamento está más allá de toda cuestión. No sólo Cristo confrontó cada tentación de Satanás con citas de las Escrituras, sino que también se refirió repetidamente a hechos de su propia vida como cumplimientos de profecías escriturales.

El apóstol Pablo comprobó la divina inspiración de la Biblia al declarar que *toda* la Escritura es inspirada por Dios (ver 2 Timoteo 3.16). Él estableció la fuente divina del Antiguo Testamento, declarando que «Dios, habiendo hablado muchas veces y de muchas maneras en otro tiempo a los padres por los profetas» (Hebreos 1.1), y la del Nuevo Testamento, cuando reclama que el evangelio que él predicaba le venía por revelación directa de Dios (Gálatas 1.12). Pedro declara que ninguna profecía viene por voluntad humana, sino en la medida en que los hombres «hablaron siendo inspirados por el Espíritu Santo» (2 Pedro 1.21).

## La autoridad de las Escrituras

*«Lo cual también hablamos, no con palabras enseñadas por sabiduría humana, sino con las que enseña el Espíritu, acomodando lo espiritual a lo espiritual.»*
1 Corintios 2.13

*«Por lo cual también nosotros sin cesar damos gracias a Dios, de que cuando recibisteis la palabra de Dios que oísteis de nosotros, la recibisteis no como palabra de*

*hombres, sino según es en verdad, la palabra de Dios, la cual actúa en vosotros los creyentes.»*

1 Tesalonicenses 2.13

La Palabra de Dios es completa. No necesita ninguna adición ni tolera ninguna disminución (Apocalipsis 22.18,19). La Biblia tiene la autoridad para controlar nuestras acciones y nos da las respuestas a nuestras preguntas. Esta es la infalible y autoritativa regla de fe y conducta.

Como la Palabra autoritativa de Dios, la Biblia es la expresión de la voluntad de Dios. La ignorancia sobre la Biblia produce inevitablemente ignorancia de la voluntad de Dios para nuestras vidas. Si la Biblia es la expresión autoritativa de la voluntad de Dios para nuestras vidas, nuestro interés y estudio sobre ella deben tener prioridad. nuestro interés rector debe ser entender ese libro. Desde el momento en que el conocimiento sobre la Biblia nos llevará a tomar una decisión, ella nos será un ministro tanto para la vida como para la muerte. Nuestra obediencia determinará ese factor.

Además de las pruebas concluyentes provistas anteriormente, tenemos el testimonio de John Wesley. Fue él quien trajo lógica para sostener la infalibilidad y divina inspiración de la Palabra de Dios. Él declara:

«*Ruego por dejar un corto, claro y fuerte argumento sobre la inspiración divina de las Santas Escrituras. La Biblia debe ser la invención de buenos hombres o ángeles, malos hombres o demonios, o de Dios. No puede ser la invención de hombres buenos o ángeles, ya que ellos no querrían ni podrían hacer un libro y mentir cada vez que afirmaran "Así dice el Señor", si fuera su propia invención. No podría ser la invención de malos hombres o demonios, ya que ellos no podrían hacer un libro que señalara todos los deberes, perdonara todos los pecados, y condenara sus propias almas por toda la eternidad. Por lo tanto, llego a la conclusión de que la Biblia debe haber sido dada por inspiración divina.*»[1]

Ya que determinamos que las Escrituras son nuestra única base para la revelación divina, podemos movernos seguramente al siguiente paso para recibir revelación: escuchar. Nuestra habilidad para escuchar la Palabra de Dios se ve afectada por muchas influencias, tanto externas como internas. Cuán efectivamente aprendamos a escuchar la Palabra de Dios, será determinado por el grado en el cual nos apropiemos de los principios de la Escritura acerca de recibir revelación divina.

*«Pero bienaventurados
vuestros ojos, porque ven;
y vuestros oídos, porque oyen.
Porque de cierto os digo,
que muchos profetas y justos
desearon ver lo que veis,
y no lo vieron; y oír lo que oís,
y no lo oyeron.»*

MATEO 13.16,17

# 4

# Cómo escuchar la voz de Dios

---

## Principios escriturales para escuchar

L a mayoría de nosotros hemos tratado en ocasiones de comunicar un importante mensaje a alguien y sentido que, aun cuando la persona escuchó nuestras palabras, no entendió el mensaje. ¿Ha hablado alguna vez seriamente a un amigo, y por su respuesta percibir que él realmente no lo ha escuchado? Él escuchó las palabras que usted pronunció, pero no prestó atención a su corazón. Por lo tanto, él interpretó según su propia y preconcebida actitud, perspectiva, prejuicio o respuesta emocional.

Así como a las señales de radio les son asignadas diferentes frecuencias de onda, de igual modo cada persona parece tener cierta longitud de onda por la cual él o ella recibe e interpreta la información comunicada. Esa frecuencia de onda puede ser determinada por diferentes factores: trasfondo, cultura, educación, deseos y motivaciones presentes, o por heridas del pasado y actitudes preconcebidas. Hay muchas otras influencias que pueden afectar la habilidad de la persona para escuchar exactamente lo que un maestro, esposo o amigo le está diciendo. El estrés diario, las preocupaciones de la vida, los niveles de fatiga y otras limitaciones físicas pueden afectar la forma en que una persona escucha lo que está siendo dicho en un momento dado.

Nosotros no podemos escapar a esas realidades cuando nos acercamos a la Palabra de Dios, a fin de escuchar lo que Él está diciendo. Cuán exactamente nosotros escuchamos e interpretamos las Escrituras depende de cuán bien hemos estado disponibles para recibir información en una «frecuencia» diferente de aquella que estamos normalmente sintonizados. Para usar términos bíblicos, nos encontramos luchando con un hombre natural que escoge vivir en la frecuencia de la independencia de Dios y de su Palabra. Y nosotros, como creyentes, tenemos un hombre espiritual que anhela escuchar la Palabra de Dios.

Nuestros oídos naturales están condicionados, tal como ha sido mencionado, por muchas influencias humanas que impiden al hombre espiritual escuchar lo que viene del corazón de Dios. Por eso, cuando leemos la Palabra, si no hemos aprendido a ceder ante el Espíritu Santo y permitirle enseñarnos, no comprenderemos el significado de la verdad. Cuando Jesús citó al profeta Isaías, diciendo que oirían pero que no entenderían (Mateo 13.14), Él no estaba queriendo decir que la gente estaba físicamente sorda. Quería decir que aunque ellos estaban escuchando palabras en su lenguaje, usando su vocabulario, no tenían entendimiento del mensaje que Él estaba tratando de comunicarles. Las palabras que ellos escuchaban, o comunicaban algo diferente a sus mentes que lo que Él estaba realmente diciendo, o no les comunicaban nada en absoluto.

## El arte de escuchar

Aparte de lo que acabo de decir, uno de los principales obstáculos es que estamos lastimosamente faltos de cultivar el fino arte de escuchar. ¡Cuántas veces los exasperados padres le dicen a sus distraídos hijos: «No me estás escuchando»! La mente del niño está llena de sus propias búsquedas del momento y no están bien adiestrados para escuchar las instrucciones de otro. En las universidades y seminarios se ofrecen muchas clases sobre el arte de hablar y comunicar. Me pregunto cuántas clases están disponibles para enseñarles a los estudiantes a escuchar.

La inhabilidad para escuchar es una de las causas básicas para las dificultades en las relaciones. Seguramente si afecta tan drásticamente el dominio natural de las relaciones, debemos esperar que interfiera dramáticamente con el dominio espiritual también. Para comenzar, estamos por lejos más familiarmente confortables con el reino natural que con el espiritual. Aprendemos como infantes a escuchar y hemos desarrollado ese rasgo natural largamente a través del mundo natural. Cuando nacemos de nuevo, comenzamos desde la nada a aprender a escuchar las verdades de Dios.

A pesar de que la vida natural y la vida espiritual pertenecen a dos reinos diferentes, no podemos separarlas totalmente en nuestras existencias. A pesar de que Dios habla a nuestros espíritus, nosotros debemos comprender lo que Él ha dicho con nuestras mentes y emociones, y responder con nuestras voluntades. Nuestras almas deben aprender a reconocer la voz del Espíritu. Si no hemos aprendido el arte natural de escuchar, ciertamente debemos esperar grandes dificultades para escuchar las verdades espirituales, no importa cuán claramente ellas sean declaradas para nosotros.

Everett L. Worthington (h.) describió el arte de escuchar muy claramente, al escribir:

> *«Atender es un asunto serio. Es trabajo duro. Es escuchar más, lo cual comunica involucramiento activo. Es la piedra angular de una relación de ayuda. Escuchar involucra más que oír palabras; involucra contacto*

*visual, interés, discernimiento, prestar atención a las emociones, cuidado, sentir lo que la otra persona está sintiendo, buscar las motivaciones escondidas y estar atento a las expresiones faciales. Este involucramiento muestra empatía, aceptación y atención en la parte que escucha. Escuchar implica hacer la pregunta correcta o el comentario adecuado en el momento justo, para animar a la persona a que profundice en sus propios intereses y sentimientos. A veces es permanecer sentado con alguien, sin la abrumante necesidad de decir algo.»*[1]

Escuchar es el mejor remedio para la soledad, la extremada verborragia y la laringitis. Ser un buen escucha es un don maravilloso, y pocos de nosotros hacemos el gran esfuerzo de cultivarlo. Somos una generación de comunicadores. Queremos que nuestras ideas se escuchen, que nuestras ideas sean entendidas, nuestras emociones sean sentidas por nuestros escuchas. Como consecuencia, no nos hemos dado a nosotros mismos el arte de escuchar. Aquellos que hemos determinado desarrollarlo, nos asombraremos de lo que realmente escuchamos.

## Definiendo el escuchar

Hay varias palabras usadas en el lenguaje original de las Escrituras que son traducidas al español como «oír» o «escuchar». Puesto que solo tenemos esas palabras para el concepto de «oír», no siempre entendemos lo que Dios quiere decir cuando usa el término. Sería de provecho para nosotros explorar brevemente los significados relatados de esas palabras originales que se han traducido como «oír» o «escuchar».

Cuando Jesús le dijo a la gente sobre Juan el Bautista: «...éste es de quien está escrito: He aquí, yo envío mi mensajero delante de tu faz, el cual preparará tu camino delante de ti» (Mateo 11.10), continuó esa revelación con el comentario: «El que tiene oídos para oír, oiga» (v. 15). La palabra griega para *oír* usada por Jesús en esta declaración (*akouo*) significa escuchar en un sentido natural, con los oídos, y entender las palabras que eran habladas. Jesús usó la misma palabra cuando habla acerca de lo que había escuchado del Padre. «Muchas cosas tengo que decir y juzgar de vosotros; pero el que me envió es verdadero; y yo, lo que he oído de él, esto hablo al mundo» (Juan 8.26). La íntima relación que el Padre gozaba con el Hijo comunicándose mientras Él estaba en la tierra, está implicado en este «oír». ¡Cuánto desea Dios que sus hijos entiendan y comprendan su corazón en las palabras que nos ha dado!

Una palabra griega más poderosa traducida como oír es *eisakouo*, la cual significa «escuchar y obedecer», y «escuchar y responder». Cuando el ángel visitó a Zacarías en el Templo, le dijo: «Zacarías, no temas; porque tu oración ha sido oída, y tu mujer Elisabet te dará a luz un hijo, y llamarás su nombre Juan» (Lucas 1.13). En el sentido en que la palabra es usada en este pasaje, «ser escuchado por Dios» significa «tener respuesta». ¡Qué pensamiento más asombroso es que podemos pedir algo a Dios y, al ser escuchado por Él, ya está hecho! Desde nuestra parte, escuchar la Palabra de Dios en esta forma significa obediencia instantánea a esa palabra.

Cuando Felix respondió a los cargos contra Pablo, dijo: «Te oiré cuando vengan tus acusadores» (Hechos 23.35). Él usó la palabra griega para «oír» que significa «oír completa y totalmente» en un sentido judicial. Cuán importante es que estemos deseosos de escuchar qué es lo que Dios quiere decirnos. Ser un escucha deliberado, con la intención de juzgar que la Palabra de Dios es verdad y luego aplicarla, debe ser la meta de todo cristiano.

La palabra griega traducida para «oído» (del pretérito «escuchado»; en griego, *epakroaomai*) en la historia de los prisioneros que escuchaban a Pablo y Silas orar y cantar oraciones en su celda a medianoche, significa: «escuchar atentamente, con atención fija». Los prisioneros estaban fascinados de que esos hombres, compañeros de prisión, golpeados y sangrantes, estuvieran cantando oraciones a su Dios a medianoche. *Cómo* escuchamos es tan importante como el escuchar en sí mismo. Si somos distraídos por nuestros propios pensamientos o intereses, no podemos realmente escuchar lo que Dios nos está diciendo.

También es posible escuchar mal o imperfectamente, o escuchar con falta de cuidado de qué estamos escuchando. Cuando Jesús nos dio instrucciones acerca de estar reconciliados con nuestros hermanos, Él dijo: «Si no los oyere (*parakouo*) a ellos [los testigos], dilo a la iglesia» (Mateo 18.17). Siempre es destructivo para nosotros, de alguna forma, elegir no escuchar la verdad. Necesitamos aplicar a nuestras vidas este y otros significados bíblicos de «oír», para obtener los beneficios de escuchar verdaderamente la voz de Dios.

Si cultivamos el arte de escuchar a otros, y de aprender qué significa realmente «oír», estaremos mejor preparados para oír la voz de Dios. Debemos aprender a practicar los siguientes principios escriturales para poder oír la voz de Dios. Cuando los hayamos dominado, gozaremos una relación con Dios de la que pensábamos que era posible solo para unos pocos escogidos.

## Tomar consciencia de que Dios desea hablar con nosotros

*«Desde la angustia invoqué a Jah, y me respondió Jah, poniéndome en lugar espacioso.»*

SALMO 118.5

Tal vez un serio obstáculo para nuestra habilidad de escuchar la voz de Dios, no es tanto el no poseer la habilidad de escuchar como el no comprender que Él quiere hablarnos. Él ama responder al clamor que le hacemos. A causa de nuestro alejamiento del mundo espiritual en el cual

Dios vive, podemos encontrar como increíble que un omnipotente y omnisciente Dios pueda desear, realmente, comunicar su corazón a alguien como nosotros. Inclusive una aceptación intelectual de que la Palabra de Dios es su historia de amor por nosotros, no nos ayuda a asirnos de la realidad de que Dios mismo anhela comunicarse con cada uno de nosotros en forma personal.

Las Escrituras están llenas de ejemplos de las respuestas de Dios a quienes han clamado en su nombre. Dios caminó y habló con Abraham, diciéndole que Sara le daría un hijo al próximo año. Dios también advirtió a Abraham que estaba a punto de destruir a Sodoma y Gomorra. Luego Dios le permitió interceder ante Él por la vida de su sobrino Lot.

«Moisés y Aarón entre sus sacerdotes, y Samuel entre los que invocaron su nombre; invocaban a Jehová, y él les respondía. En columna de nube hablaba con ellos» (Salmo 99.6,7). Pasaje tras pasaje declaran que Dios a su tiempo se comunicaba con su pueblo. Otro versículo indica que Él también les hablaba a través de sus profetas, dejándoles conocer sus deseos para ellos.

La razón por la cual Dios nos dio sobrenaturalmente su Palabra escrita, y la preservó a través de la trágica historia de la humanidad, es que Él nos puede revelar su corazón a través de su Palabra. Debemos permitir que la maravillosa realidad de su amor tome lugar en nuestros corazones y nos ayude a darnos cuenta que Dios desea que lo escuchemos. Cuando aprendamos a cultivar el arte de escuchar, y creamos que Dios desea comunicarse con nosotros personalmente, escucharemos la voz de Dios y seremos transformados por lo que escuchamos que nos dice.

## Cultivando la quietud

«Estad quietos, y conoced que yo soy Dios» (Salmo 46.10a). El hombre natural en cada uno de nosotros es reacio a cultivar la quietud. Esto es verdad a tal extremo que la quietud muchas veces es asociada con la depresión o la tristeza. Con frecuencia le preguntamos a alguien que permanece callado: «¿Te ocurre algo?» Aunque el retiro puede asociarse en ocasiones a la tristeza, la quietud en sí misma no debe ser categorizada como un signo de aflicción emocional.

No es raro ver hombres y mujeres caminando o corriendo en un hermoso parque, con los auriculares en sus oídos, escuchando su música favorita. Los sonidos naturales de los pájaros y el agua golpeando contra la orilla pasan desapercibidos. Parecería haber una obsesión en nuestra cultura por mantener sonidos ingresando en nuestros oídos todo el tiempo. Esto, seguramente, debe producir una tontera que nos inocula contra el escuchar lo que es importante. Es casi como si hubiera un temor al silencio en nuestra cultura actual. ¿Cuál es la fuente de este temor? ¿Tenemos miedo de estar solos con nuestros propios pensamientos? ¿Vivimos con tal falta de paz interior que necesitamos escapar de ese dolor, poniendo constantemente sonidos externos en nuestros oídos naturales?

Otra traducción para el versículo «estad quietos, y conoced que yo soy Dios» declara: «¡Ríndanse! ¡Reconozcan que yo soy Dios!» (Salmo 46.10, *DHH*). La quietud es más que ausencia de sonido externo. Es poner un alto a nuestros frenéticos pensamientos y búsquedas, nuestros deseos insaciables y motivaciones egoístas. Se nos promete que conoceremos a Dios si cultivamos esa clase de quietud. Sus pensamientos hacia nosotros llegan a ser una realidad en nuestras vidas, y la revelación personal de su amor llenará nuestros corazones. Eso nos llevará a detener la mayoría de nuestros esfuerzos, porque nuestra satisfacción vendrá por disfrutarlo a Él.

Cuando el profeta Elías se encontraba en profunda aflicción, escapando por su vida de la malvada Jezabel, tuvo algunas experiencias dramáticas con el Señor. Dios se le presentó y le preguntó qué estaba haciendo en una cueva, corriendo por su vida. Después de que Elías le contestara, el Señor lo mandó a pararse en la montaña y un fuerte viento que rompía las rocas pasó por allí. Pero el Señor no estaba en el viento. Después vino un terremoto, pero el Señor tampoco estaba en él. Luego de eso, Elías vio un fuego, sin embargo el Señor no estaba en el fuego. Después de todas estas cosas, se escuchó un silbo apacible, a través del cual el Señor habló y le dio a Elías las instrucciones que necesitaba (1 Reyes 19.9-18). A pesar de que la voz de Dios en las Escrituras es a veces escuchada como un trueno de los cielos, Él eligió hablarle a Elías en lo que nosotros hemos llamado «la pequeña y silenciosa voz».

Si fallamos en cultivar la quietud ante Dios, seguramente perderemos el escuchar su voz. Si venimos a Él y le decimos todo lo que hay en nuestros corazones, pero fallamos en esperar que Él nos hable a nosotros, no podremos experimentar el escucharlo. Cuán ridículo sería para mí estar de viaje y llamar por teléfono a mi esposo, Leroy, y no permitirle que me hable. Podríamos considerarlo tonto si levantara el teléfono, marcara el número de casa, saludara a Leroy, le contara acerca de mi viaje y luego, abruptamente, dijera: «Bueno, hasta luego, querido. Te amo», y colgara. La razón por la cual llamé es para escuchar su voz y saber cómo está. Quiero que él conteste mi expresión de amor y responda a lo que le estoy diciendo.

Así, ¿cuántos de nosotros usamos nuestro tiempo de oración para hacer todos nuestros pedidos, y luego decimos: «Te amo, Señor. Te veo más tarde», sin esperar una respuesta de su parte? Hemos sido enseñados por nuestra tradición religiosa a creer que hablar con Dios es una proposición de una sola vía. No lo es. Si nos tomamos el tiempo de estar quietos para escuchar a Dios, oiremos su amorosa voz.

## Meditando en la Palabra

*«Bienaventurado el varón que no anduvo en consejo de malos, ni estuvo en camino de pecadores, ni en silla de escarnecedores se ha sentado; sino que en la ley de Jehová está su delicia, y en su ley medita de día y de noche.»*

SALMO 1.1,2

Claramente, las Escrituras endosan el valor y la necesidad de meditar en la Palabra de Dios. A Josué, como nuevo líder de Israel, quien tenía que llevar al pueblo a la tierra prometida, le fue encomendado lo siguiente: «Nunca se apartará de tu boca este libro de la ley, sino que de día y de noche meditarás en él, para que guardes y hagas conforme a todo lo que en él está escrito; porque entonces harás prosperar tu camino, y todo te saldrá bien» (Josué 1.8). Su éxito dependía de su continua meditación en la ley, por lo que él debería conocerla y observarla.

La palabra hebrea *bagab*, que es traducida en este pasaje como «meditar», es la misma palabra que el salmista usa para describir el hombre bienaventurado que se deleita en la ley del Señor. Significa «aplicar atentamente el pensamiento a la consideración de una cosa». Esto significa una lectura cuidadosa y una seria actitud que permita al lector comprender la Palabra de Dios en aquellas cosas en las que él o ella deba obedecerla. Se nos ha instruido a meditar en la Palabra de Dios continuamente, día y noche. ¡Qué transformación ocurriría en el pensamiento de la mayoría de los cristianos si obedeciéramos este mandato escritural!

La meditación en las Escrituras nos ayudará a comprender la forma en que Dios piensa, sus principios y su actitud hacia el pecado, así como su amor hacia el pecador. Llegaremos a familiarizarnos con el vocabulario de Dios, y aprenderemos lo que Él espera que hagamos para complacerlo. En la medida en que llenemos nuestras mentes con la

Palabra de Dios, estaremos en capacidad de discernir su voz de la voz de nuestro acusador, el diablo. Al mismo tiempo estaremos en capacidad de diferenciar entre la voz condenatoria de nuestra propia carne o la de otra gente, y la amorosa aceptación de nuestro Dios.

Desafortunadamente, por causa de nuestro frenético y ruidoso estilo de vida, la meditación es para la mayoría de nosotros un arte perdido. Para muchos, la única referencia a la meditación es como una parte de las religiones orientales y las sectas que, si bien cultivan el arte de la meditación, han perdido al Dios quien los mandó a hacerlo. Hasta que no decidamos cultivar la quietud de esperar en Dios y la meditación de su Palabra, no esperemos escuchar su voz.

## Pregúntele a Dios

> *«Entonces respondió Jehová a Job desde un torbellino...»*
>
> Job 38.1

Si yo hubiera estado leyendo un libro de Judson Cornwall, y él justo estuviera visitándome en mi casa, yo no iría a preguntarle a otra persona lo que él quiso decir si tuviera una pregunta acerca de lo que había leído; le preguntaría directamente a él. Tan lógico como puede parecer esto, con frecuencia le presentamos a otra gente nuestras preguntas sobre las Escrituras que estamos leyendo, en lugar de preguntarle al Autor mismo.

En muchas ocasiones que he meditado en la Palabra y le he preguntado a Dios acerca de algo que no entendía, Él comenzó a darme entendimiento a través de otro pasaje que arrojó luz sobre aquello que estaba preguntando, o de otra manera abrió mi entendimiento a la verdad que Él había revelado. En ocasiones, un pequeño versículo me llevaría por las Escrituras, exponiendo un concepto o verdad que no había entendido antes. Es la tarea del Santo Espíritu el llevarnos a toda verdad (Juan 16.13). Dios sabía que necesitaríamos un instructor. Esa es la razón por la cual ha enviado al Espíritu Santo como nuestro divino Maestro. Él recibe con beneplácito nuestras preguntas y está allí para responderlas.

## Esperar oír a Dios hablar

*«A ti clamaré, oh Jehová. Roca mía, no te desentiendas de mí.»*
SALMO 28.1

Desde la creación de la humanidad en el jardín de Edén, Dios ha deseado comunicarse con su gente. Es el creyente lleno del Espíritu el que tiene el gran potencial de escuchar la voz de Dios, porque Él habita en nuestros corazones por el Espíritu Santo. Nosotros somos sus templos. En la medida en que aquietemos nuestras mentes y abramos nuestros corazones a su Palabra, podremos esperar oír la voz de Dios comunicándose con nosotros, de Espíritu a espíritu.

No hay nada en la tierra que me emocione más que tener a mi Señor hablándome. Hace a mi espíritu brincar, de la forma en que lo hizo el bebé en el vientre de Elisabet. Soy cambiada, fortalecida y convencida de su amor por mí cuando Él me habla, aunque sea una simple palabra. Su corrección es tan bienvenida como sus mandamientos, solamente porque puedo oír su voz. Ese escuchar es el resultado de la relación que cultivamos con Dios por seguir los mandatos de las Escrituras, de aquietarnos a nosotros mismos en su presencia y meditar en su Palabra.

## Responder a lo que escucha

*«Pero sed hacedores de la palabra, y no tan solamente oidores, engañándoos a vosotros mismos.»*
SANTIAGO 1.22

Después de que hayamos escuchado a Dios, es imperativo que obedezcamos lo que Él ha dicho. Las Escrituras han sido dadas para obedecerlas, no solo para meditarlas. El apóstol Santiago nos advierte del engaño que viene cuando somos oidores de la Palabra solamente, y no hacedores de ella. Tal vez esta sea una de las grandes razones por las cuales los cristianos se quejan de no escuchar a Dios hablarles: ellos no obedecieron lo último que Él les mandó a hacer.

Las Escrituras enseñan que la obediencia es mejor que los sacrificios (Salmo 51.16). ¿Cuántas veces hemos encontrado más fácil meternos en un «sacrificio» en lugar de obedecer el simple mandamiento que nos ha sido dado? Trabajar para Dios es maravilloso cuando no está involucrada la obediencia a la voluntad de Dios para nuestras vidas. Pero no nos atrevemos a considerar que nuestro sacrificio para Él no tiene ningún valor si no estamos continuamente guiados por su voz y cumpliendo sus mandatos. Hacer buenas cosas no es lo mismo que ser obedientes a la voz de Dios. Por eso es imperativo aprender a oír la voz de Dios.

## Busque confirmación

> «*Por boca de dos o tres testigos se decidirá todo asunto.*»
>
> 2 CORINTIOS 13.1

Si pensamos que hemos adquirido comprensión sobre un pasaje en particular de las Escrituras, necesitamos estar deseosos de dejarlas ser juzgadas por otro pasajes, así como por otros hombres y mujeres de Dios, quienes saben cómo escuchar su voz. En muchas ocasiones los creyentes han torcido el significado de un pasaje por seguir sus propios deseos. Es importante que busquemos la confirmación para cada revelación que recibimos.

Aun algunos sinceros creyentes han errado en sus interpretaciones de las Escrituras, y han predicado el error como verdad, trayendo daño al Cuerpo de Cristo. Necesitamos ser sensibles y discernir la voz de Dios por ser sumisos a otros hombres y mujeres de Dios, quienes puedan confirmar o corregir nuestras «revelaciones». Un entendimiento veraz de las Escrituras traerá siempre la naturaleza de Cristo y nunca violará ningún otro principio en la Biblia.

La guía personal y la palabra profética que recibimos del Espíritu Santo debe ser confirmada por la Palabra escrita, por la paz que ellas traen a nuestro espíritu y por miembros maduros del Cuerpo de Cristo, antes de que decidamos seguirla. Somos demasiado vulnerables a otras voces de la carne, del enemigo y otras personas como para no buscar confirmación de cada directiva que viene a nosotros. Hay sabiduría en la multitud de consejos.

## Recuerde su Palabra

*«Mas la misericordia de Jehová es desde la eternidad y hasta la eternidad sobre los que le temen, y su justicia sobre los hijos de sus hijos; sobre los que guardan su pacto, y los que se acuerdan de sus mandamientos para ponerlos por obra.»*

SALMO 103.17,18

Decir que necesitamos recordar las palabras que Dios nos habla puede parecer demasiado obvio. Sin embargo, ¿cuántos de nosotros hemos recibido palabras proféticas y las hemos transcripto y archivado, sin recordar lo que Dios había prometido hacer cuando nos dijo esas palabras? Un libro entero de la Biblia, Deuteronomio, fue escrito para ayudar a los hijos de Israel a recordar lo que Dios había hecho y lo que les había encomendado hacer. Es importante recordar las palabras de Dios a nosotros.

El enemigo trata de derrotarnos haciendo que olvidemos que Dios nos ama, aun cuando lo ha dicho tan claramente en su Palabra. Nuestras mentes necesitan no solamente meditar de manera continua en la Palabra de Dios, sino también recordar las maravillosas formas en que Dios nos ha cambiado y se ha revelado a Sí mismo a nosotros a través de ella.

Si seguimos esos principios para escuchar la voz de Dios, nuestras vidas serán transformadas por su presencia en nosotros. Entonces podremos comenzar a destrabar las preciosas verdades de las Escrituras a medida que nos entregamos al estudio del lenguaje o vocabulario de Dios. Cada palabra suya es como un diamante multifacético, el cual, cuando recibe la luz del Santo Espíritu, brilla con verdad revelatoria a aquel que busca la eterna verdad que ellas comunican.

«*Y por medio de él reconciliar
consigo todas las cosas,
así las que están en la tierra
como las que están en los cielos,
haciendo la paz mediante
la sangre de su cruz...
en su cuerpo de carne,
por medio de la muerte,
para presentaros santos
y sin mancha e irreprensibles
delante de él.*»

COLOSENSES 1. 20,22

# 5

# El lenguaje de las Escrituras

---

## Estableciendo la validez de la revelación

Si hemos de caminar en la revelación divina, entonces es vital que seamos capaces de interpretar correctamente el lenguaje de las Escrituras. Un acercamiento intelectual a la comprensión de ellas no resultará en una correcta interpretación de las verdades que contienen.

Las Escrituras son claras en cuanto al estado de nuestra mente carnal, declarándola como hostil a Dios e incapaz de sujetarse a su ley (Romanos 8.7). Ellas manifiestan también que el hombre natural no puede recibir las cosas de Dios porque le son locura (1 Corintios 2.14). Desafortunadamente, muchos hombres y mujeres educados que han estudiado las Escrituras las han interpretado según su intelecto no redimido, en vez de confiar en el Espíritu Santo para que les revelara las preciosas verdades de Dios. Cuando consideramos el hecho de que todo lenguaje ha sido afectado por el pecado, llegamos a la conclusión de que no es posible comprender el significado de la verdad del mensaje escrito de Dios para nosotros, sin la obra del

Espíritu Santo revelándonos sus deseos.

Después de la caída del hombre, cuando aún no había un lenguaje en la tierra, la comunicación humana se desarrolló sin el conocimiento de Dios. Eso condujo al orgullo, la rebelión y el pecado, lo cual inspiró la construcción de la Torre de Babel. Cuando Dios vio al hombre tratando de llegar a Él a través de sus propios esfuerzos, vino y confundió sus lenguas. Los muchos idiomas que resultaron de allí les impidió reunirse en la rebelión.

Es interesante notar que el lenguaje de los hombres fue confundido por Dios debido al orgullo de ellos. Por esa razón, lo opuesto al orgullo, la humildad, nos es requerida para hablar en lenguas desconocidas y para recibir el bautismo del Espíritu Santo. Hablar en lenguas es locura para nuestras mentes. Sin embargo, es una expresión verbal que nuestros tres enemigos —el mundo, la carne y el diablo— no pueden interpretar, y que edifica nuestros espíritus.

El trabajo del enemigo es confundir nuestro estudio de las Escrituras, de modo que pueda pervertir el vocabulario a través del cual Dios nos intenta comunicar verdades espirituales. Nuestro entendimiento del lenguaje debe ser redimido para permitirnos interpretar apropiadamente el mensaje divino de las Escrituras. Si no estamos conscientes a la batalla por nuestras mentes que se desarrolla entre los reinos de la luz y de las tinieblas, no podremos dilucidar la confusión de los términos.

# Dos reinos

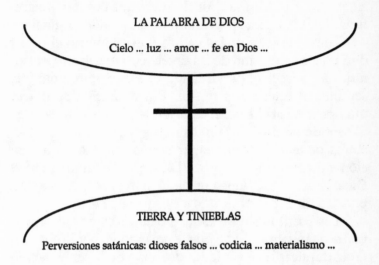

En el diagrama anterior, el semicírculo superior representa la luz y la vida. El semicírculo inferior representa las tinieblas y la muerte. La cruz conecta las dos mitades, representando el sacrificio de Cristo, lo que hizo posible para nosotros ser liberados de las tinieblas y ser reconciliados con la luz de Dios.

Satanás estuvo viviendo en el reino de la luz antes de llegar a ser Satanás. Él fue Lucifer, el más elevado de los arcángeles. Fue un corista, el director de la música, el líder de adoración de los ángeles. En una forma sobrenatural que nosotros no podemos comprender, la música realmente fluyó a través suyo con creatividad (Ezequiel 28.13,14). Sin embargo, Lucifer se rebeló y fue expulsado del Cielo, junto con un tercio de los ángeles.

## Vocabulario celestial pervertido

Mientras Lucifer estuvo en el Cielo, aprendió el vocabulario de Dios. Cuando llegó a ser el príncipe de las regiones celestes, trajo el lenguaje del Cielo a la tierra. Pero él lo torció y usó las palabras celestiales para que llegaran a significar algo totalmente pervertido de su sentido original.

Por ejemplo, para las gentes que están bajo el poder de Satanás en el reino de las tinieblas, la palabra *amor* significa algo lascivo, pervirtiendo el afecto emocional o el sentimiento que eso significa. Esa definición se parece muy poco a la belleza del carácter de Dios, quien es amor. El sentido original de la palabra fue describir a Dios. Nosotros podemos experimentar cariño, orgullo y admiración sin conocer el amor de Dios, pero el amor puro *es* Dios. Y cuanto más tenemos de Él, mayor será nuestra capacidad de amar.

Las Escrituras enseñan que Satanás es un ladrón y el padre de mentiras. Él no puede crear nada, por lo cual trata de duplicar las cualidades del reino de la luz y pervertir su significado en el reino de las tinieblas. Por ejemplo, ha pervertido el uso de la palabra *fe* para justificar la creencia en cualquier cosa —no importa si usted es un budista o un humanista, mientras tenga fe en algo. Él ha hecho eso en un intento de destruir la singularidad de nuestra fe en Dios. El Señor nunca intentó que nuestra fe fuera colocada en dioses falsos o en la autorealización.

La idea de *sabiduría* en el reino de la luz es muy diferente al significado que tiene en el reino de las tinieblas. Sin Dios, *sabiduría* se refiere al conocimiento terrenal —mero intelecto—, el cual nunca puede alcanzar a comprender al reino de la luz. La sabiduría piadosa pertenece a otro mundo, y sólo una persona, el Espíritu Santo, quien vino desde los cielos a ayudarnos, puede abrir las Escrituras y revelarnos la sabiduría piadosa.

El Santo Espíritu escribió el Libro y luego se instaló en

nuestros templos para enseñarnos. Él viene como Maestro, tomando su residencia en nuestros espíritus y diciéndonos qué significaba aquello que escribió. Él da la revelación de la sabiduría que estamos buscando. Esta Sabiduría es Jesús, el Rey del reino de la luz, quien puso dentro nuestro la sabiduría (1 Corintios 1.30).

## Lenguaje de tipos y sombras

A medida que el Dios infinito ha deseado comunicarse con el hombre finito, ha encontrado formas para que entendamos lo que está diciendo. Por causa del pecado, las mentes humanas no pueden comprender a Dios, quien es santo y absoluto. Por tanto, Dios llegó a nuestro mundo y usó el lenguaje humano para revelar su voluntad a la humanidad. Él habló al hombre a través de parábolas, metáforas, similitudes, hipérboles, tipos y alegorías. Mediante el uso de esas herramientas lingüísticas, Dios desplegó en su Palabra hermosas verdades acerca de Él mismo y de sus propósitos para la humanidad.

Un cuidadoso fundamento debe ser establecido para el entendimiento de los tipos y alegorías, a fin de no violar el verdadero significado de las Escrituras. *Tipo* es una persona, cosa o evento que representa a otra, especialmente una que vendrá en el futuro. La tipología —el estudio de los tipos— puede traernos luz sobre muchas verdades preciosas de la Palabra de Dios, las cuales de otra forma estarían escondidas para nosotros. Podemos descubrir esas verdades así como lo es la plata —por descender en una oscura y profunda mina, cavando por ella.

Una *alegoría* es una historia donde las gentes, cosas y eventos tienen significados simbólicos —no meramente los literales— los que a menudo son moralmente instructivos. Por ejemplo, cuando Jesús enseñó sobre el pastor que buscaba su oveja perdida, no estaba refiriéndose a una historia específica que había sucedido en Galilea. Estaba usando este cuadro alegórico del pastor por su oveja para mostrarnos el amor y la preocupación del Padre por cada uno de sus hijos.

David retrata alegóricamente al Señor como un pastor en aquel poético salmo que nos ha hablado y confortado a través de los siglos: el Salmo 23. ¡Cuán hermosamente las imágenes de sus palabras ayudan a revelarnos la naturaleza de Dios.

Para entender apropiadamente el tipo y la alegoría, debemos darnos cuenta de que no es posible hacer que cada palabra en la historia encaje a una verdad divina. Comúnmente, una o dos verdades espirituales pueden ser descubiertas por la descripción de un evento que de otra forma sería natural. Debemos ser cuidadosos de no querer encontrar tipos en cada detalle intrincado de una alegoría, la cual solo fue escrita para revelarnos unas pocas verdades cruciales. Ninguna historia terrenal puede simbolizar de manera completa una verdad eterna.

Por ejemplo, Abraham representa a Dios el Padre en la Escritura, sin embargo vemos que ese Abraham no siempre actúa como Dios lo haría. A causa de su humanidad, él no es el tipo perfecto del Padre Celestial. De la misma forma, José es, tal vez, el tipo más completo de Cristo en la Biblia. Más de trescientas comparaciones pueden ser hechas entre su vida y la de Cristo. Pero él no era un hombre perfecto. Estos hombres vivieron sus vidas manifestando ciertas verdades en sus existencias naturales, lo que, de todas formas, nos ayuda a recibir un mensaje espiritual del mundo y del Rey espiritual.

Debemos estar seguros de que una verdad revelada en un tipo o alegoría puede pasar a través de la cruz. Es decir, que la verdad que enseña debe relacionarse sin ningún cuestionamiento al plan eterno de Dios para la salvación de la humanidad, el cual fue completado por la sangre de Jesús derramada en el Calvario.

Cada verdad que está oculta en un tipo del Antiguo Testamento es revelada en el Nuevo Testamento, como la realidad del sacrificio de Jesús por el pecado de la humanidad. Los tipos y alegorías son revelación válida solamente en la medida que nos ayuden a aplicar las verdades, y mientras estén de acuerdo con el resto de la Escritura.

El propósito final de toda revelación debe ser transformarnos a la imagen de Cristo.[1] El estudio de los tipos y sombras, y otras «imágenes» idiomáticas que Dios usa para comunicarnos verdades divinas descubrirá su gran corazón de amor para con nosotros.

## Nombres y lugares

Nuestro estudio de las Escrituras será grandemente enriquecido por considerar el significado de los nombres y lugares. En la medida en que podamos identificar las personas registradas en las Escrituras y comenzar a comprender sus trasfondos y culturas, recibiremos luz sobre las verdades que ellos representan.

En las culturas antiguas, los títulos y nombres llevaban mucho más significado de lo que ocurre en nuestras modernas culturas. Los nombres del Antiguo Testamento con frecuencia revelan proféticamente el carácter de la persona. Por ejemplo, el nombre de Jacob significa «suplantador y engañador». Esas cualidades caracterizaron su vida, puesto que él buscó tomar la bendición de Dios que era para su hermano, Esaú.

En algunas ocasiones, los nombres son dados para marcar un evento en la historia. Cuando la gloria de Dios se había retirado de la casa de Israel, al dar a luz la esposa del sacerdote, ella llamó a su hijo Icabod, lo que significa «Traspasada es la gloria de Israel» (1 Samuel 4.21).

Algunos nombres fueron cambiados por razones específicas, a menudo para marcar un encuentro con Dios. Cuando Dios estableció el pacto con Abraham, Él le cambió el nombre de Abram a Abraham, agregando la «h», que en lengua hebrea le agrega un sonido aspirado de «j», lo cual le da un sonido de «ja»; eso representa el aliento de Dios. Por lo tanto, el nombre de *Abraham* se refiere a la experiencia del encuentro de este hombre con el Dios vivo, lo que transformó su vida para siempre.

En el Nuevo Testamento, Jesús llama a Simón a ser su discípulo. Simón significa «caña», y lleva la connotación de debilidad e inestabilidad. Jesús cambia el nombre de Simón a Pedro, lo cual significa «roca», representando así la fortaleza de carácter que este apóstol demostraría un día en el reino de Dios.

Pueden darse muchos otros ejemplos de personajes bíblicos cuyos nombres fueron cambiados como resultado del poder redentor de Cristo que tocara sus vidas. Entender sus significados es importante para recibir la revelación que ellos traen.

Hay libros enteros de la Biblia cuyas verdades se encuentran descubiertas para nosotros a través del entendimiento de los nombres de estos personajes. El libro de Rut es un ejemplo de esto. La ocasión del libro comienza en Belén de Judea. Belén significa «casa de pan». Judá significa «un lugar donde la gente alaba al Señor». Belén-Judá caracteriza la vida como un lugar de abundante provisión y gozo.

A medida que el libro es desarrollado, somos introducidos en la familia de Elimelec, quien vivía en la tierra de Belén-Judá. *Elimelec* significa «Dios es Rey», y representa un hombre piadoso, criando sus hijos en un lugar de provisión y gozo. El nombre de su esposa es Noemí, que significa «agradable». Su presencia llenaba el hogar con gracia para su esposo y sus dos hijos, nutriendo a su familia en un lugar de alabanza. Sus dos hijos fueron llamados Mahlón y Quelión, que significan «gozo» y «canción», respectivamente.

Alegóricamente, su familia representa la iglesia redimida de hoy, cuyas vidas están caracterizadas como casas de pan y lugares de alabanza. Al cultivar la presencia de

Dios en nuestras vidas como nuestro Rey, experimentamos el agrado de su reino, y somos llenados con gozo y alabanza cuando vamos a la casa de Dios a alabar juntos.[2]

Luego, el hambre llegó a ese territorio y la familia de Noemí se fue. El comprender las razones de la hambruna en la tierra de Belén-Judá nos adelanta un entendimiento profético sobre la forma en que trabaja Dios con su iglesia.

A tal punto la vida de Noemí había sido plagada de amargura después de dejar la casa de pan, que ella cambió su nombre por *Mara*, que significa «amargo». No obstante, Dios, en su misericordia, la trajo de regreso al lugar de alabanza, trayendo una hermosa redención para ella.

El leer el libro de Rut simplemente como una historia narrativa, podría hacernos perder la verdad profética revelada en su contenido, en cuanto a la liberación de los creyentes de una tierra de hambre y destrucción, y la hermosa relación de la novia con el Novio.

El pariente-redentor en el libro de Rut es Booz, cuyo nombre significa, precisamente, «redentor». Él es un hermoso tipo de Cristo, quien está deseoso de amar a la «extranjera» y hacerla parte de su linaje. Un estudio simple de los nombres y lugares en este libro revela el corazón del Padre por la Iglesia, así como revela el plan de redención y su deseo de encontrar una novia para su Hijo.

La búsqueda entre los tipos y sombras, y el significado de los nombres y lugares nos recompensará con la riqueza de la sabiduría que subyase debajo de la narración. Aun un simple estudio sobre palabras tales como *sabiduría* o *amor* traerá revelación a nuestras mentes sobre el significado verdadero del lenguaje de Dios.

A medida que renovamos nuestras mentes con el precioso lenguaje de las Escrituras, aprendiendo cosas en los términos en que Dios los entiende, podremos derrotar el propósito del enemigo de pervertir el lenguaje de Dios. De esta manera también estaremos colocando el fundamento para recibir revelación divina de la Palabra de Dios. Debemos ser cuidadosos de acercarnos a nuestro estudio de la

Palabra con la actitud correcta, a fin de interpretar apropiadamente su significado. Podemos declarar con precisión que nuestra actitud determinará nuestra altitud.

## Actitudes para recibir la revelación

El enojo u otras actitudes negativas influenciarán nuestro pensamiento e interpretación de las Escrituras si tratamos, por ejemplo, de «desquitarnos» de nuestros enemigos. Cuando uno está enojado, es fácil citar las oraciones imprecatorias de David sobre los enemigos. Sin embargo, Cristo nos enseña que bajo el Nuevo Pacto debemos orar por ellos. Aun una actitud de «sabelotodo» puede ir en detrimento del estudio de la Palabra, puesto que puede impedir que estemos abiertos y enseñables a otros puntos de vista.

Una importante actitud que debemos cultivar al acercarnos a las Escrituras es la *humildad*. Las Escrituras mismas nos exhortan a recibir «con mansedumbre la palabra implantada, la cual puede salvar» nuestras almas (Santiago 1.21).

La *humildad* es sinónimo de *mansedumbre* en este pasaje. Los niños esperan ser enseñados y desean ansiosos el aprender. Ellos comprenden que no saben todo lo necesario para vivir en cualquier situación, y desean recibir instrucción. Es con esta actitud de humildad que debemos acercarnos a las Escrituras, no importa cuanto llevemos estudiándolas, si es que esperamos tener nuestros oídos abiertos para recibir nuevas verdades.

También necesitamos cultivar la actitud del siervo que espera *hacer* los mandamientos de su maestro, y no sólo *oírlos*. El apóstol Santiago nos amonesta a ser hacedores de la Palabra «y no tan solamente oidores», engañándonos a nosotros mismos (Santiago 1.22).

Dios mandó a Josué a meditar de día y de noche en el libro de la Ley, y que guardara todos sus mandamientos a

fin de ser exitoso en todo lo que emprendiera (Josué 1.8).
Al final de cuentas, nuestra obediencia a la Palabra de
Dios determinará el grado de éxito que disfrutaremos en
nuestra relación con Dios.

La determinación de guardar la Palabra de Dios y hacerla preeminente en nuestras vidas debe caracterizar
nuestro estudio de las Escrituras. La iglesia de Filadelfia
fue afirmada por las palabras: «has guardado mi palabra,
y no has negado mi nombre» (Apocalipsis 3.8).

Tanto nuestros propios deseos como las demandas y
la filosofía del mundo tratarán de erosionar nuestra determinación de caminar en pureza, integridad y obediencia a
las Escrituras. No obstante, la promesa de ellas es que
pueden salvar nuestras almas (Santiago 1.21). Nunca debemos permitir que nuestro pensamiento o la opinión de
otros nos disuada de permanecer apegados a la Palabra de
Dios como fuente de nuestra vida y nuestra salvación.

Debemos estar deseosos de «selah» la Palabra de Dios
—esto es, tomar tiempo para meditarla y «rumiarla». La
figura aquí es como la vaca que come y rumia su comida,
la cual ingiere primero y luego, calmadamente, trae aquello que ha comido y lo mastica poco a poco, a fin de ex-
traerle todo el alimento y hacer una digestión completa. El
viejo dicho: «Toma tiempo ser santo» no es meramente
una opción sino una necesidad, si deseamos tener comunión con Dios y recibir revelación de la Palabra, lo que
cambiará nuestras vidas.

Conociendo las actitudes con las cuales debemos
acercarnos al estudio de la Palabra, podremos apreciar
más completamente el proceso de la obra de la Palabra de
Dios en nosotros, trayéndonos revelación; y no solamente
de la Palabra escrita sino también de la Palabra viviente.

*«Por tanto, nosotros todos,*
*mirando a cara descubierta*
*como en un espejo*
*la gloria del Señor,*
*somos transformados*
*de gloria en gloria*
*en la misma imagen,*
*como por el Espíritu del Señor.»*

2 CORINTIOS 3.18

# 6

# El proceso de la revelación

---❖---

## Siete pasos en que la Palabra de Dios trabaja en nosotros

La revelación, la verdad develada de la vida de Cristo, llega a ser una realidad en nuestras vidas en la medida que le permitimos al Espíritu Santo usar la Palabra de Dios como una espada divina, a fin de abrir en dos el velo de la carne que está entre nuestras almas y nuestros espíritus. La vida de Cristo que vive en nosotros a través del nuevo nacimiento experimentado en la salvación es, entonces, develada para influenciar y transformar nuestras almas más y más, a medida que llenamos nuestro hombre interior con la Palabra. Mientras cedemos a este divino proceso, el Espíritu Santo revela la Palabra en nosotros y la vida de Cristo es expresada a través de nuestras vidas.

El apóstol Pablo declaró que la vida divina en nosotros es «Cristo en vosotros, la esperanza de gloria» (Colosenses 1.27). Es la maravillosa persona de Jesús manifestando su vida en nuestras mentes, deseos y emociones lo que nos salva del pecado propio y manifiesta el amor de Dios al mundo.

Muchos cristianos tratan a Jesús tal como lo hicieron los israelitas. Ellos estaban contentos de tener a Dios en una caja, y contar con un sacerdote que fuera a su presencia una vez al año. Mas ese no es el deseo de Dios. Tal como lo hemos visto, Él desea caminar con los hombres y derramar su vida dentro de ellos, comunicándose de Espíritu a espíritu.

Desde la caída del hombre, Él ha estado iniciando templos y tabernáculos a través de los cuales poder llegar al hombre y mantener compañerismo. En la maravillosa redención que adquirió a través de Cristo, Él hizo posible que cada creyente llegara a ser su templo. Él intenta llenar sus templos con su gloria, con la Palabra viviente, con Cristo mismo.

El profeta Isaías vio al Señor «sentado sobre un trono alto y sublime, y sus faldas llenaban el templo» (Isaías 1.6). Él fue testigo de la llenura de la gloria de Dios. Es esa llenura la que está siendo experimentada por la Iglesia de hoy. Los mejores días para la Iglesia aún están por venir. A medida que busquemos conocer a Dios a través de la revelación, permitiéndole llenar nuestros templos individuales, descubriremos la Sabiduría que creó el universo.

El libro de Proverbios nos enseña cómo encontrar esa Sabiduría. El escritor declara: «Si como a la plata la buscares, y la escudriñares como a tesoros, entonces entenderás el temor de Jehová, y hallarás el conocimiento de Dios» (Proverbios 2.4,5). La plata no se encuentra tirada encima de la tierra; debe ser explorada. En las Escrituras la plata representa la redención. A medida que cavemos por plata en la Palabra de Dios, encontraremos a Cristo, quien ha sido hecho sabiduría para nosotros (1 Corintios 1.30).

Dijimos que el Espíritu Santo había venido a dividir en dos el velo de la carne que cubre nuestras mentes, y a mostrarnos las cosas que pertenecen a Jesús (Juan 16.15). Desearía poder decirles que el Espíritu Santo hace esto instantáneamente cuando nacemos de nuevo, ya que eso iría de acuerdo a nuestra mentalidad contemporánea de «comida rápida» y «experiencia rápida». Sin embargo, esa no ha sido mi experiencia, ni las Escrituras enseñan la transformación inmediata. El apóstol Pablo comprendió la naturaleza gradual del proceso cuando escribió:

> «*Por tanto, nosotros todos, mirando a cara descubierta como en un espejo la gloria del Señor, somos transformados de gloria en gloria en la misma imagen, como por el Espíritu del Señor*»
>
> —2 Corintios 3.18

He sentido al Espíritu Santo rasgando mi carne, haciendo brillar su luz sobre alguna actitud o concepto equivocado. Mientras he permanecido en dolor, he visto nuevas dimensiones de la verdad revelada viniendo de la Palabra a través de mi espíritu y hacia mi mente. De la manera en que permitamos su divino proceso en nuestras vidas, descubriremos que la vida de Cristo llega a ser verdadera en las nuestras.

Su mente viene a ser la nuestra. Pensamos diferente acerca de determinadas situaciones. Nuestros pensamientos carnales ceden espacio a la perspectiva y a los pensamientos dadores de vida de Jesucristo. Somos renovados en el espíritu de nuestras mentes, tal como Pablo nos exhortara (Efesios 4.23).

El viejo hombre, nuestra propia vida, es presionada a salir, y Cristo toma posesión de nuestro interior, que Él ha comprado por la eternidad. Sólo a través de la obra de la revelación divina le es posible poseer la totalidad del «templo».

Cuando nacemos de nuevo y Cristo se muda al «Lugar Santísimo» de nuestros templos, nuestros espíritus son recreados y llegamos a estar vivos para Dios. Una vez que Él reside en nuestros templos, comienza a funcionar de adentro hacia afuera, a fin de alcanzar nuestras mentes, voluntades y emociones. Entonces pide ayuda al Espíritu Santo para abrir el camino, dividiendo en dos el alma del espíritu, discerniendo los pensamientos y las intenciones del corazón (Hebreos 4.12). De esta forma la Palabra de Dios viene a nuestras vidas.

Es imperativo que llenemos nuestras mentes con la Palabra de Dios si es que esperamos recibir revelación divina. Así es como el Espíritu Santo nos muestra las cosas que pertenecen a Jesús y hace brillar su luz sobre nuestra carnalidad. La revelación vendrá en la medida que le obedezcamos y nos sometamos a la Palabra de Dios.

Jesús dijo que era necesario que Él se fuera, a fin de enviarnos al Consolador, quien nos llevaría hacia las cosas de Jesús. El Espíritu Santo viene con una escoba, un trapo y jabón, y como un fuego refinador limpia la confusión de nuestras almas —nuestros pensamientos erróneos, las decisiones equivocadas y las respuestas emocionales inapropiadas. Cuando invitamos al Espíritu Santo a vivir en nosotros, le estamos dando un total permiso para realizar este trabajo.

¿No es, acaso, maravilloso cuando la iglesia carismática comienza a comprender por qué viene el Espíritu Santo? No viene a «dar dones»; los trae como «parte del paquete». No viene simplemente para hacer que hablemos en lenguas. Él viene para mostrarnos a Cristo, y a través nuestro al mundo. Su trabajo en nosotros será respuesta a la oración de Jesús: «...que también ellos sean uno en nosotros; para que el mundo crea que tú me enviaste» (Juan 17.21).

La revelación divina no es una pequeña y excitante idea que nos trae entendimiento acerca de algún pasaje bíblico. Es el trabajo del Espíritu Santo realizado dentro nuestro, el cual revela a Cristo, quien está en nosotros. Mientras más devela su sabiduría, esta viene más a nosotros, y nosotros somos más como Cristo.

No vivimos la vida de Cristo tratando de ser como Él es; no podemos cambiarnos a nosotros mismos. He tratado por diecisiete años, como una profesora metodista dedicada y aplicada, pero no funciona así. Debemos permitir al

Espíritu Santo venir y hacer lo que no podemos por nosotros mismos.

Cuando Él trabaja en nosotros nos habla la Palabra de Dios, de tal manera que destruye el poder de las tinieblas y el pecado que ha vivido en nuestras almas, y nos acerca la luz de Dios a fin de dispersar la oscuridad. Puede hacer esta maravillosa y redentora obra cuando cooperamos con Él, leyendo la Palabra y meditando en sus verdades.

Cuando nos concentramos en el mundo de la luz, presente en las Escrituras, aquel contrasta el mundo de las tinieblas en nuestras almas y la luz viene a ser mayor alrededor nuestro. Hay siete pasos que la Palabra de Dios da en nosotros para dispersar las tinieblas y transformarnos hacia el carácter de Cristo.

## El proceso de la revelación

Hemos dicho enfáticamente que no hay verdad revelada fuera de la Palabra de Dios. Al Espíritu Santo se le ha dado la tarea de develar a Cristo —la Palabra Viviente— en nosotros, a través de la aplicación en nuestras vidas de la verdad de la Palabra escrita. Esta Palabra escrita lleva a cabo en nosotros un proceso divino de revelación que cambia nuestras vidas.

### 1. Información
El primer paso hacia la revelación en este proceso divino es recibir información. Primero debemos recibir las verdades básicas en nuestros corazones y mentes, a fin de que el Espíritu Santo nos las haga recordar. No podemos esperar que este primer paso hacia la revelación suceda sin dedicar tiempo diario a la lectura y la meditación de la Palabra de Dios.

Cuando los Estados Unidos fueron fundados como nación, la Biblia era el libro de texto usado en las escuelas. A nuestros niños se les enseñaban las Escrituras tan pronto como comenzaban a leer. Aprendían los Diez Mandamientos y estudiaban los patriarcas del Antiguo Testamento, así como las parábolas de Jesús. ¡Qué maravilloso fundamento de los principios de Dios se les dio a esas generaciones!

Actualmente, las mentes de nuestros niños son llenadas con información mundana, y nunca han escuchado siquiera de los patriarcas del Antiguo Testamento. No se les ha dado la oportunidad de recibir la información —la verdad básica— de las Escrituras.

Como cristianos necesitamos invertir tiempo leyendo y memorizando la Palabra de Dios, y enseñarle a nuestros hijos a hacer lo mismo. Este es el primer paso para hacer posible que el Espíritu Santo haga su maravilloso trabajo de traernos revelación divina.

Josué recibió un mandato que le garantizaría su éxito: meditar de día y de noche en la Palabra de Dios (Josué 1.8). Cuán fielmente sigamos ese mismo mandato, determinará nuestro éxito o fracaso en el camino hacia la verdadera revelación. Sin el conocimiento de la información contenida en las Escrituras no podremos tener una completa revelación de Cristo en nosotros, aun cuando seamos cristianos nacidos de nuevo.

## 2. Iluminación

¿Ha disfrutado la experiencia de leer un pasaje familiar de las Escrituras y, repentinamente, recibir claridad sobre el tema? Usted ve así cómo un principio se aplica a cierta área de su vida, o tal vez ve por qué Dios respondió de la forma en que lo hizo a la plegaria de una persona en las Escrituras. En ese momento, la información ha tomado otra dimensión —iluminación.

Cuando la información comienza a ser una luz a nuestros espíritus, se convierte en *iluminación*. Entendemos, de una forma en que nunca antes lo habíamos hecho, la verdad que estamos leyendo y que antes había sido mera información para nosotros. En este punto, el caminar en obediencia a esa verdad se convierte en nuestra responsabilidad.

### 3. Inspiración

Mientras el Espíritu Santo continúa su proceso de traernos revelación, nos encontramos respondiendo a la verdad con el gozo de Dios. El Espíritu Santo recibe la Palabra con gozo, y mientras nosotros la recibimos de Él, se convierte en *inspiración*. Nuestro corazón se llena con nuevos deseos de obedecerla.

La inspiración nos hace hambrientos por conocer la Palabra de Dios. El trabajo divino del Espíritu Santo nos hace tener «hambre y sed de justicia» (Mateo 5.6). Ninguna persona puede hacernos tener hambre de la Palabra. Si nos encontramos apeteciendo la verdad, estaremos recibiendo una nueva invitación del Espíritu Santo para recibir mayor revelación.

La gente que se sienta en la iglesia y está aburrida al extremo con la predicación de la Palabra de Dios, no está hambrienta. Nosotros comemos cualquier cosa si es que estamos hambrientos. Las Escrituras declaran que para el alma hambrienta las cosas amargas son dulces (Proverbios 27.7). Cuando estamos hambrientos por la Palabra, estamos diciendo que queremos más de Dios. Entonces el bendito Espíritu Santo separa el velo de nuestras mentes oscuras, emociones y deseos, y esa parte de Jesús que entra por nuestros oídos se hace vida en nuestro interior.

### 4. Nueva revelación

La Palabra escrita de Dios (*Logos*) puede ser vista como la transcripción de la voz de Dios. Cuando la palabra transcripta pasa de nuestras mentes a nuestros corazones, inspirándonos su realidad, se convierte en la Palabra viviente de Dios para nosotros (*rhema*). Esa Palabra viva es *revelación*.

La revelación hace que la verdad llegue a ser una persona viva para nosotros. A medida que respondemos a la revelación de esa persona divina, cedemos nuestros deseosa, mentes y emociones a su divino carácter de

95

santidad y justicia, y la vida de Cristo es develada dentro nuestro. Cuando el Espíritu Santo sopla una verdad revelada en nuestros espíritus, eso se convierte en nuestra vida. Experimentamos los que antes sólo habíamos oído como información.

Nuestra obediencia a la revelación que recibimos permite al Espíritu Santo darnos una nueva revelación. *Una vez que la revelación comienza a fluir dentro nuestro, continúa haciéndolo a no ser que la resistamos.* Verdaderamente es un asunto serio desobedecer la revelación divina que ha llegado a nuestros corazones. La oscuridad es dispersada solo por la luz que la traspasa. Si le damos lugar a la oscuridad, más que a caminar en la luz que hemos recibido, sufriremos las consecuencias de nuestra desobediencia.

## 5. Realización

Después de que la revelación comienza a trabajar en nosotros, el próximo paso en el divino proceso de crecimiento es la *realización*. Esto es el reconocimiento de que hemos sido cambiados a través de nuestra obediencia a la revelación que ha llegado a ser parte de nuestras vidas. Nos damos cuenta de que el cambio que ha tomado lugar en nosotros es real. Afecta la forma en que vivimos.

No sabemos exactamente qué ha sucedido, pero ya no perdemos el control de nuestros temperamentos como lo hacíamos antes. Estamos caminando en una gracia que antes no poseíamos. Otras personas pueden observar este cambio. Nuestros espíritus son sensibles a la verdad que ha llegado a ser una viva realidad en nosotros, y somos cuidadosos de no desobedecerla.

## 6. Transformación

La transformación de nuestro carácter ocurre al permitir que la muerte se vuelva vida, a través del rasgamiento del velo carnal. Aquellas profundas tendencias internas al egoísmo y la pérdida de amor que residen en nuestro hombre natural son fundamentalmente cambiadas —transformadas— en los santos deseos y amor de Cristo por otros.

La vida de Cristo puede, entonces, ser vivida a través nuestro en el mundo.

Un caminar consistente en las grandes profundidades de la revelación traerá una gradual *transformación* en nuestras vidas. Somos cambiados de gloria en gloria, a la imagen del Hijo, a través de nuestra obediencia a la revelación que recibimos.

## 7. Manifestación

El último paso que el Espíritu de Verdad obra en nosotros es la *manifestación* del carácter de Jesús en nuestras vidas. La madurez es la belleza de Jesús vista en las personas que han permitido que la revelación toque sus vidas en cada área de sus almas y espíritus. En obediencia a Dios, se han vuelto del pecado en forma continua, permitiendo que la naturaleza de Cristo sea revelada completamente en ellos.

Lo lindo del proceso de revelación es que diferentes verdades pueden estar en diferentes etapas al mismo tiempo. Una verdad puede estar en su cuarta etapa —revelación—, convirtiéndose en realidad para nosotros y preparándonos para llevarnos a la realización y transformación. Otra verdad que recién recibimos como información puede inspirarnos a buscar a Dios por revelación. De esta forma, mientras aprovechemos consistentemente la lectura y la audición de la Palabra, el Espíritu Santo toma el Libro y lo escribe en nuestros corazones.

La *información* está transfiriendo mis notas a la mente de usted. No hay valores eternos, a no ser que vayamos más allá de esto. Pero en nuestra búsqueda por sabiduría, oramos para que Dios haga que su Palabra sea real en nosotros, y que abra nuestras mentes a fin de recibir la revelación divina. Fue el mismo Hijo de Dios quien declaró en la cara del tentador: «No sólo de pan vivirá el hombre, sino de toda palabra que sale de la boca de Dios» (Mateo 4.4). Es el proceder de la Palabra de Dios lo que contiene el poder de salvar nuestras almas (Santiago 1.21).

## La fe viene por el oír

Las Escrituras enseñan que sin fe es imposible agradar a Dios (Hebreos 11.6). Ellas declaran que la fe viene por el oír, y el oír por la Palabra de Dios (Romanos 10.17). La entrada de la Palabra viva a nuestros espíritus es el oído natural. Con frecuencia instruyo a la gente a leerla en voz alta, de manera que sus mentes no divaguen y sus oídos puedan escucharla. Aunque no siempre es apropiado leer la Palabra en voz alta, mucho bien puede venir por hacerlo de esta forma.

Cada uno de nosotros tenemos cinco sentidos-puertas en nuestros cuerpos, y uno de ellos es la puerta del oír: nuestros oídos. Nuestro sentido del oído con frecuencia es la última facultad que perdemos antes de dejar este mundo.

No hay tal cosa como una persona totalmente inconsciente. Aunque la ciencia médica usa el término *inconsciente* para indicar que la mente consciente no está respondiendo a los estímulos externos, los doctores entienden que esa persona inconsciente escucha con frecuencia todo lo que sucede a su alrededor. A veces, las personas que regresan de esos estados repiten lo que se dijo cerca de ellos cuando permanecían en coma.

Creo que Dios, en su gran misericordia, deja la puerta del oír abierta a aquellos que se encuentran en la puerta de la muerte, sin haber aceptado a Cristo como su Señor y Salvador. Dios no quiere que nadie vaya al infierno. Ellos aun en ese estado pueden oír el evangelio y responder en fe en sus corazones a alguien que ora a su lado.

Es una persona sabia aquella que invierte tiempo meditando y leyendo la Palabra de Dios, usando herramientas de ayuda para estudiar las verdades que han sido iluminadas en su corazón. Es sabio exponerse a la enseñanza oral de aquellos que han caminado en la revelación y que han predicado proféticamente al Cuerpo de Cristo.

De esta forma, consistentemente, llenamos nuestros

pensamientos con palabras dadoras de vida, que despla-
zan nuestro razonamiento carnal y nuestra incredulidad.
Esto es posible para que el Espíritu Santo lleve a cabo su
maravillosa obra redentora, revelándonos a Cristo continuamente.

## Cómo se profundiza la revelación

No podemos subestimar el tiempo y energía requeridos
que involucra el ser estudiantes de la Palabra, recibiendo
una mayor revelación de Dios para nuestras almas. No podemos esperar entrar en una íntima relación con el soberano Dios de manera tan fácil como cocinamos una papa
en el microondas, o prendemos una luz. Aun las relaciones humanas requieren tiempo para cultivar y nutrir cualquier nivel de intimidad, ya sea un matrimonio o una
amistad.

Es a medida que le damos prioridad a la Palabra y
aprendemos a ceder al Espíritu Santo cuando Él nos habla
algo fresco, que podemos estar confiados de la dependen-
cia de nuestra relación con Dios a través de la revelación.
Es un gozo para mí, después de haber estudiado la Palabra desde mi juventud, tener al Espíritu Santo hablándome acerca de una verdad en particular, y trayéndome otro
pasaje a la mente que arroja luz sobre ella.

Una «sesión especial» que tuve con el Espíritu Santo
fue un poco inesperada y, al principio, me parecía fuera de
lugar. Me encontraba en medio de un turbulento fin de semana. Había ministrado tres veces en Nashville, Tennessee, entre el viernes a la tarde y el sábado. Con mi compañera de viaje manejamos desde allí hasta Snellville, Georgia, arribando alrededor de las 10:30 de la noche del sábado. Prediqué el domingo en la mañana, en la tarde y a la
noche. Luego nos levantamos a las 5:00 de la mañana del
lunes para viajar a casa, y estar a tiempo en una conferen-
cia de liderazgo esa tarde en nuestra iglesia.

Mientras íbamos en el automóvil de regreso a casa, le dije a mi amiga:

—¿Te molesta si duermo una siesta mientras manejas?

Ella estuvo de acuerdo, y yo hice justamente eso. Sin embargo, cuando cerré mis ojos sentí la familiar, aunque asombrosa, presencia del Espíritu Santo llevando mi mente hacia un pasaje bíblico en particular. Mi Maestro había decidido que era tiempo de tener una clase.

Me dijo que mirara en Romanos 12.1,2. Luego me habló sobre eso. A partir de allí «viajamos» por otros pasajes familiares, y por las seis horas que nos llevó llegar a casa tomé nota de lo que mi Maestro me decía. Cuando llegué a casa estaba más descansada que si hubiera dormido todo el tiempo.

Mi esposo me encontró en el auto y yo estaba temblando de excitación. Le dije:

—Querido, Dios me habló todo el camino. La Palabra ha tomado vida. He recibido la revelación más hermosa. Cosas que había oído y estudiado por años, llegaron de pronto a encajar juntas.

Si deseamos ir a través del proceso requerido para recibir revelación, nunca seremos desilusionados en nuestro caminar con Dios. Mientras cedamos al impulso del Espíritu Santo y le permitamos rasgar el velo de la carne que nos mantiene alejados de conocer a Dios en forma íntima, contemplaremos «las maravillas de tu ley» (Salmo 119.18). Luego encontraremos nuestras actitudes, acciones y prioridades transformadas por la Palabra viva que está siendo revelada a través nuestro, mientras Él se revela a nosotros.

«*Mi amado descendió a su huerto,*
*a las eras de las especias,*
*para apacentar en los huertos,*
*y para recoger los lirios.*
*Yo soy de mi amado,*
*y mi amado es mío;*
*él apacienta entre los lirios.*»

CANTAR DE LOS CANTARES 6.2,3

# 7

# Cómo recibir la revelación

❖

## Considerando los lirios

Después de haber comprendido los requisitos para recibir la revelación divina —permitiendo al Espíritu Santo que nos llene y nos lleve a través de este proceso a rasgar el velo de la carne, recibiendo la Palabra escrita de Dios como la base de toda revelación, y leyendo y escuchando la Palabra para que la fe pueda llenar nuestros corazones— todavía hay un mandato más requerido para que caminemos en toda la revelación de Dios.

El apóstol Santiago declara enfáticamente que debemos ser hacedores de la Palabra y no tan meramente oidores (Santiago 1.22). Ciertamente entendemos que Dios espera que obedezcamos los mandamientos explícitos de las Escrituras, tales como amarnos unos a otros y vivir santamente. Hay algunos mandamientos en la Palabra, sin embargo, que no podemos reconocer fácilmente, aun cuando ellos nos traigan una maravillosa revelación al obedecerlos.

Por ejemplo, Jesús nos instruyó a considerar «los lirios, cómo crecen» (Lucas 12.27). ¿Ha hecho usted esto? ¿Ha considerado los lirios? La palabra *considerar* es definida

103

como «pensar algo detenidamente, con cuidado de las decisiones a tomar». El considerar los lirios de la forma en que Jesús nos pidió implica mucho más que disfrutar la fragancia y la belleza de una encantadora flor que decora la iglesia el domingo de Pascua. Debemos entender algunas cosas acerca de la naturaleza de los lirios.

¿Cómo crecen los lirios? ¿Qué representan ellos en las Escrituras? ¿Dónde son mencionados? Jesús compara su belleza con la gloria de Salomón, y los califica como más hermosos que el esplendor del hombre más rico sobre la tierra. ¿Por qué compararía Jesús con el esplendor del hombre más importante? ¿Estaba simplemente declarando que prefería la belleza de una amorosa creación de Dios a la riqueza de los reyes? ¿O estaba Él haciendo una significativa comparación entre la gloria humana y el hermoso lirio, usando un lenguaje pictórico que sólo podríamos entender por la revelación, de la misma forma en que lo hacía cuando enseñaba sus parábolas?

Después de buscar en las Escrituras para ver en qué forma eran mencionados los lirios, me di cuenta que era un excelente ejemplo para demostrar cómo la revelación despliega los mandamientos «escondidos» de la Palabra.

## El lirio en las Escrituras

El novio en el Cantar de los Cantares se refiere a sí mismo como «el lirio del valle», y a su novia como «el lirio entre las espinas», comparándola con las hijas de Jerusalén. Más adelante en este poema de amor entre Cristo y la Iglesia, el novio es descrito por su novia como uno que se alimenta entre los lirios y que baja al jardín para recoger lirios (Cantares 2.16; 6.2).

Las hijas de Jerusalén son curiosas por la pasión que la novia sulamita siente por su prometido, y hasta le preguntan dónde se escondió él para que ellas también puedan buscarlo (Cantares 6.1). No obstante, hay una clara distinción entre la relación de ellas para con él, de aquella que él tiene con su prometida. Su novia declara que le pertenece, y él a ella. Y ella no puede ser disuadida de buscarlo hasta dar con él.

## Cómo crecen los lirios

Una breve «consideración» de las características naturales de los lirios nos revela que crecen en un tallo simple, sin dividir sus esfuerzos, proveyendo un canal de nutrientes a la hermosa flor. Las Escrituras nos advierten que «el hombre de doble ánimo es inconstante en todos sus caminos» (Santiago 1.8). Jesús nos instruye ser «de ojos buenos», para que nuestros cuerpos estén llenos de luz (Lucas 11.34).

Puesto que el lirio abre sus pétalos temprano en la mañana, a fin de recibir su nutrición diaria del rocío, no es fácilmente contaminado con la polución de su ambiente. El rocío es mencionado muchas veces en las Escrituras, y es un símbolo de la presencia del Espíritu Santo (Salmo 133.3). Como creyentes, necesitamos abrir nuestros corazones temprano cada mañana, para recibir el fresco rocío del Espíritu en nuestras vidas y evitar la contaminación del mundo.

El lirio tiene raíces profundas que van buscando las fuentes de agua sobre las cuales están plantados. El apóstol Pablo nos instruye a ser «arraigados y cimentados en amor» (Efesios 3.17), animándonos de esta forma a conocer el amor de Cristo, el cual excede a todo conocimiento (v. 19). Ser profundamente enraizados en Dios nos llevará a la revelación del conocimiento de Él, y nos proveerá una aun mayor experiencia de su amor, en y por nosotros. A medida que ese amor es liberado hacia otros, les permitirá contemplar la belleza del lirio y llegar al conocimiento de Dios también.

Inclusive es significativa la formación de los amorosos

pétalos del lirio, en grupos de cinco, teniendo en cuenta que el número cinco en las Escrituras representa la gracia y la redención.

El hermoso color blanco de muchos lirios significa la pureza de corazón y la santidad con la cual la novia debe ser adornada. El salmista se refiere a ese corazón de santidad cuando describe a la hija del rey como «toda gloriosa es la hija del rey en su morada; de brocado de oro es su vestido. Con vestidos bordados será llevada al rey; vírgenes irán en pos de ella, compañeras suyas serán traídas a ti» (Salmo 45.13,14).

Llegar a ser parte de la novia de Cristo no es algo que ocurre automáticamente; es el resultado de una relación de amor, cultivada a través de un corazón individual y por beber diariamente de la fuente de la vida. Tal relación involucra una pasión consumidora por el amante de nuestras almas. Aunque nuestra aceptación del Cristo del Calvario no sólo compró nuestra salvación sino que también nos colocó legalmente en la posición de su novia, no a todos los creyentes les cabe la descripción de «novia de Cristo». Como creyentes debemos cultivar en forma práctica la relación que tenemos con nuestro Prometido.

El cuidado de la novia al nutrir la relación con su amado arroja luz sobre la parábola de Jesús acerca de las cinco vírgenes y las cinco insensatas. Aquellas que eran sabias fueron a la cena matrimonial, mientras que las insensatas no. Solo aquellos cristianos que están enfocados en la búsqueda de una relación con su divino Novio, experimentarán intimidad con Él. Si lo vemos como el amante de nuestras almas y perseguimos nuestra relación amorosa con Él, más allá de todas las cosas de valor, estaremos preparados para cuando la novia sea presentada al Novio en la gran fiesta de matrimonio en los cielos.

Hay mucho que podemos aprender por seguir la admonición de Jesús acerca de considerar los lirios del valle, cómo crecen. Vemos que Jesús no solo vino a perdonar nuestros pecados y salvarnos del infierno, sino a restaurar la relación directa, incondicional, de amor puro que el Padre pretendió para nosotros cuando creó a la humanidad.

Muchos cristianos que han aceptado a Cristo como su Salvador simplemente no han entrado en una relación de amor con Él como su novio; una relación que resulta en pureza de corazón y simplicidad de mente, manifestada por la pasión de la novia. Seguramente Jesús estaba expresando su gran deseo de que consideráramos estas cosas cuando llevó nuestra atención al lirio y declaró: «...ni aun Salomón con toda su gloria se vistió como uno de ellos» (Lucas 12.27).

Jesús nos aseguró que podemos gozar del descanso y el reposo del lirio, el cual ni se afana ni hila. La belleza del lirio no depende de sus propios esfuerzos. La promesa de Jesús muestra el gran amor y el desvelo del Salvador sobre nuestras vidas. Él enfoca nuestros corazones declarando que no debemos buscar las cosas naturales del mundo, sino las del reino de Dios para alcanzar la belleza divina. Él nos promete que mientras busquemos el reino de Dios, todas las demás cosas nos serán añadidas (Lucas 12.27-32).

En la medida en que nos detengamos para obedecer el simple mandato de Jesús de considerar los lirios, podremos reflexionar sobre nuestras propias vidas para ver si la rara belleza de estas flores es vista en nosotros. Recordando que *considerar* significa «pensar algo detenidamente, con cuidado de las decisiones a tomar», debemos ver algunas áreas de nuestras vidas que necesitan ser corregidas.

Tal vez es nuestro enfoque el que necesita ser corregido para llegar a ser bien encaminado, o nuestra consagración para recibir el rocío diario del Cielo. Tal vez estamos ansiosos adquiriendo «cosas» sin primeramente buscar el reino de Dios. Cualquier cosa que nos mantenga alejados de buscar al Novio intensamente, resultará en una gran pérdida para nuestras almas. El llegar a estar arraigados y cimentados en su amor nos asegurará la mayor satisfacción de nuestro corazón.

## Crecer como los lirios

Estoy sintiendo en mi espíritu que el Cuerpo de Cristo debe crecer. Debemos llegar a ser hijos con conocimiento —no en la eternidad sino ahora— para estar capacitados para hacer lo que Dios nos ha ordenado hacer en la tierra. Somos conjuntamente herederos con Cristo, destinados a sentarnos con Él y gobernar y reinar con Él. Sin embargo, hay más para nuestro llamado que el tener dominio sobre poderes y principados. Somos llamados a estar preparados para el retorno de nuestro novio. A Algunos se les ha confiado el ministerio de preparar a la novia para el Novio.

Si esto será hecho solo aquellos que *eligieron* ser parte de la novia de Cristo, parece que no muchos nacidos de nuevo tomarán parte en esto. Muchos que han aceptado a Cristo como su Salvador no han cultivado una relación intima con Él.

Por supuesto, cada uno de los limpiados por la sangre de Cristo que se encuentra caminando en la luz pasará a la eternidad con Él. Pero hay muchos que solo lo conocen como su Salvador. Se han parado en el primer escalón y no han ido más adelante. Otros lo conocen de las dos formas: como Salvador y Bautizador, y están satisfechos. No han madurado aún lo suficiente como para desear conocerlo como su Novio.

Ser la novia de Cristo es una relación divina, no una posición. Es una relación de madurez. La Escritura nos enseña que cuando veamos a Cristo, lo conoceremos tal cual Él es (1 Corintios 13.12). Si lo conocemos sólo como Salvador y Dador de bendiciones y dones espirituales, eso es lo que Él será para nosotros. Y aunque eso es maravilloso, hay más en una relación con Dios que solamente dones y bendiciones.

En la descripción del Tabernáculo, en el Antiguo Testamento, había un atrio externo que llevaba al Lugar Santo, y este a su vez al Lugar Santísimo. Aunque gran parte de la actividad religiosa sucedía en el atrio externo y en el Lugar Santo, la presencia de Dios con poder sólo se experimentaba en el Lugar Santísimo. De la misma forma, hay diferencias en la relación que Dios tiene con un bebé en Cristo, un joven adulto en Cristo, y un santo maduro en Cristo.

Con la madurez viene también el deseo y la capacidad para el matrimonio. Cuando los creyentes se enamoran de Jesús, sus afectos e intereses cambian el enfoque, de las «cosas» hacia la Persona. Más que pretender las cosas que Él les pueda dar, buscan primeramente el reino de Dios. Jesús llega a ser prominente en sus corazones y vidas. La mayor aspiración de los creyentes maduros es tener comunión con Cristo como su novio.

La verdadera adoración en espíritu y en verdad pertenece a la madurez. Es el inmaduro el que viene continuamente al Señor con su lista de pedidos por bendiciones y cosas. Aunque siempre hay un lugar para pedir a nuestro Señor, también hay un divino lugar para derramar nuestras vidas y corazones sin pedir nada.

Por amor a Jesús, una mujer rompió un frasco de alabastro y derramó su costoso perfume a los pies de Jesús, para disgusto de aquellos que la rodeaban. Fue un verdadero acto de adoración, sobre el cual Jesús dijo que sería mencionado en cualquier lado en que el evangelio fuera predicado (ver Mateo 26.7-13).

La adoración que intima la relación del Novio con la novia no es algo que leemos en las Escrituras de la misma forma que «debéis nacer de nuevo». No es aparente en las Escrituras a los ojos del hombre natural, o al bebé en Cristo. Es una de esas verdades que debe ser sacada a la luz, así como la plata de extrae de la mina. Está escondida en el Libro, para aquellos ojos que están abiertos para verla. La adoración es también el espíritu del Libro entero. Ver restaurada nuestra relación con el Novio a través de la adoración es el deseo más profundo del Padre.

En Génesis, el libro de los principios, vemos un

hermoso cuadro de la clase de relación de amor que tenemos con Cristo. Eliezer, siervo de Abraham, fue instruido para encontrar una novia para Isaac entre el pueblo escogido de Dios —el mismo pueblo de Abraham. Eliezer la pudo conocer porque ella estaba allí, bebiendo agua, y no solo le dio de beber a Eliezer sino también a sus camellos (ver Génesis 24).

En este primer libro de las Escrituras, Rebeca, la novia elegida para Isaac, es una figura que revela la naturaleza y el carácter de la novia que Dios quiere tener entre su pueblo. Ella estará deseosa de servir a un extraño y consagrarse a sí misma, dejando a su gente para llegar a ser la novia de uno que ha enviado tan hermosos regalos.

Tal carácter es el resultado de la madurez, y no puede esperarse de aquellos que conocen a Cristo solamente como su Salvador. La vida de Rebeca mantenía la fragancia de los lirios, que estaba enfocada solo en Dios, y era alimentada por el rocío del Cielo. Ella fue recompensada con el amor de su novio, por quien ella había dejado todo lo que amaba.

## La revelación del Novio

No puedo expresar el abrumador asombro que experimenté la primera vez que ingresé en la presencia de Jesús, de tal forma que lo escuché a Él mismo decirme: «Te amo.» Había llegado al punto de una revelación de adoración, y había aprendido a estar cómoda diciéndole: «Te amo, Señor.» Pero que el infinito, soberano, eterno y trino Dios, el Salvador del mundo, viniera a esta criatura de polvo, y le dijera: «¿Sabes que te amo?», parecía como un sueño. Fui llena con una indescriptible paz y con bienestar, un sentimiento de estar siendo amada en la última esencia del amor.

La primera vez que Jesús vino hacia mí en una visión abierta, mientras estaba sola, en oración, miré a sus ojos y vi sus anchos hombros y su pelo suelto. Era como si un fulgor dorado de gloria estuviera brillando a través de sus cabellos. Sus rasgos eran muy marcados; Él venía y se paraba frente a mí. Me dijo: «Quiero que seas mía. Si me das tu cuerpo yo te bendeciré.»

Yo lloré y le dije: «Pertenece a mi esposo.»

Él me contestó gentilmente: «Dámelo, y yo lo bendeciré, y se lo daré de vuelta a él. Entonces yo te enseñaré cómo puedes compartir mi amor, y yo puedo ser el amado de tu espíritu y de tu alma. Sentí sus brazos a mi alrededor, y me habló acerca de mi vida y mi caminar, diciendo: «No quiero que tus labios sean labios leprosos.»

Le pregunté de qué manera mis labios podían llegar a ser leprosos. Él dijo: «Adán tomó de la fruta prohibida y comió de la palabra de Satanás. Como resultado, su boca se convirtió en leprosa, y la familia humana nació con labios leprosos [un tipo de pecado].» Cuando nuestros labios hablan, exageran y se jactan para impresionar a la gente. Hablan con enojo y profieren profanidades. Nuestros labios están leprosos hasta que entramos en la presencia del Novio, y sus palabras se derraman de nuestros labios (ver Cantares 4.11). Cuando nosotros lo escuchamos decir «Vete y no peques más», y «Levántate, toma tu lecho y anda», nuestros corazones son cambiados.

Sólo cuando enfocamos el corazón y la mente en nuestro Novio podemos esperar tener su fragancia impartida en nosotros. Esto es digno de la completa consagración de nuestras vidas, en cada aspecto en que lo conocemos íntimamente.

No hay nada más importante para buscar en esta tierra que la relación con Cristo como el amante de nuestras almas.

Podemos tener nuestros ojos solo para Él —dejando de lado todo lo demás cuando estamos parados ante su presencia, mirando sus ojos y escuchando sus palabras. Entonces seremos parte de la novia de Cristo cuando Él venga. Él no se casará con extraños. Él está buscando a aquellos que lo aman.

La sulamita dijo a las hijas de Jerusalén que el novio había bajado al jardín, a alimentar y recoger lirios. ¿Cómo podemos resumir el crecimiento de los lirios? Ellos crecen en pureza, altos y derechos, dependiendo de Él, con hojas que son frescas y verdes, y con una fragancia a su alrededor que da la bienvenida a cada uno que los toca. No se esfuerzan, pero crecen enfocados hacia la luz, revelando una belleza que no tiene parangón con los adornos más grandes del hombre.

El mundo puede conocernos, a la novia de Cristo, como un amoroso lecho de lirios.

El lirio es sólo un ejemplo de las muchas palabras «imágenes» contenidas en las Escrituras, las cuales pueden descubrir preciosas verdades reveladoras a nuestros corazones, si obedecemos el divino mandato a «considerar». No es sorprendente que el Señor le dijera a Josué que meditara día y noche en el libro de la ley, y que observara todo lo que en él está escrito (Josué 1.8). Por meditar en la Palabra y ser obediente a los mandamientos de Dios, le damos al Espíritu Santo el acceso a nuestros corazones. Él, entonces, puede llenar nuestras mentes con las verdades reveladoras que nos transformarán y develarán al Cristo dentro nuestro.

*«Procura con diligencia
presentarte a Dios aprobado,
como obrero que no tiene
de qué avergonzarse,
que usa bien
la palabra de verdad.»*

2 TIMOTEO 2.15

# 8
## Obstáculos y ayudas para recibir la revelación

---◈---

### Aprendiendo a leer en voz «alta»

Aun siendo sinceros, los cristianos nacidos de nuevo suelen atribuir frecuentemente un significado erróneo a ciertos pasajes bíblicos, debido a la teología de sus iglesias, a los prejuicios o a cierta inclinación cultural. A eso lo llamo «leer dentro» de la Biblia, lo que no fue deseado, en lugar de «leer en voz» alta lo que el Espíritu Santo realmente escribió.

Por ejemplo, ahora, para enseñar la validez del bautismo del Espíritu Santo y los dones, puedo usar el mismo pasaje que antes usaba para enseñar contra el orar en lenguas. Con frecuencia leemos en un versículo lo que otros nos han enseñado que eso significa —algo que coincide con su posición doctrinal.

Después de ser sanada y bautizada en el Espíritu Santo, con la evidencia de hablar en otras lenguas, y habiendo creído previamente que esas experiencias no eran válidas para la actualidad, tomé mi Biblia, me senté a los pies de Jesús y le pregunté: «¿Qué otras cosas no entiendo,

Señor?» El valor de mis títulos teológicos y posiciones doctrinales se hicieron trizas en un instante cuando el Espíritu Santo se me reveló a Sí mismo como mi bautizador y sanador.

Hemos leído en el Libro y hemos construido nuestras propias doctrinas, teologías y filosofías, basados en nuestra cultura occidental, nuestras incredulidades, prejuicios y otros criterios erróneos. Mis profesores de Biblia me enseñaron a interpretar las Escrituras de acuerdo a cierta posición doctrinal, y perdí las verdades sobre la sanidad y el bautismo del Espíritu Santo, junto con muchas otras. Casi muero, literalmente, por mi pérdida de revelación en cuanto a las promesas de sanidad en la Palabra.

Por la misericordia de Dios, y como resultado de las fervientes oraciones de otros por mi sanidad y bautismo en el Espíritu Santo, he tenido el gozo de enseñar la Palabra por muchos años con una nueva revelación y un nuevo entendimiento.

Antes de mi sanidad era una teóloga sincera, creyendo con todo mi corazón aquello que había estado enseñando. Había mirado a mi moribundo padre y le había dicho que los milagros no eran para hoy en día. ¿Por qué? Porque eso era aquello en lo cual había sido enseñada. Nuestra posición doctrinal declara que, debido a que lo perfecto había venido —la Palabra—, no necesitamos los dones del Espíritu Santo. (La doctrina viene de una interpretación errónea de 1 Corintios 13, y en la actualidad es un punto de vista sostenido por muchos.) Si Dios no me hubiera sanado de una enfermedad fatal, podría haberme ido a la tumba sin creer que Dios puede sanar, y que lo hace actualmente.

Este es sólo un ejemplo de la teología equivocada que ha mantenido alejados a muchos creyentes de la verdadera revelación de Dios y de su Palabra. A menos que permitamos al Espíritu Santo interpretar para nosotros las Escrituras, nunca llegaremos a un verdadero entendimiento de ellas.

Junto con las doctrinas erróneas, hay cinco grandes obstáculos para recibir la revelación, los cuales roban a nuestras iglesias y vidas personales el verdadero conocimiento de Dios.

## Los cinco mayores obstáculos

He esperado, predicado, proclamado y creído el próximo movimiento de Dios, en el cual veremos un gran avivamiento y la subsecuente cosecha de almas. Mientras he aguardado expectantemente, el Espíritu Santo me convenció profundamente de que la Iglesia debe ser liberada de aquellas áreas de pensamiento erróneo, las cuales obstruyen e impiden la revelación de Dios a nuestros corazones, y nos dejan fuera de la gran visitación de Dios.

Cuando me refiero a la Iglesia, no estoy queriendo decir una organización, localidad o institución, sino al organismo viviente del Cuerpo de Cristo; la Iglesia de la cual Cristo es la cabeza. La Iglesia por la cual Cristo está retornando necesita ser limpiada de al menos cinco conceptos que la estorban, a fin de ser parte del gran avivamiento que viene.

### Denominacionalismo

El *denominacionalismo* es uno de los obstáculos. Una denominación es simplemente definida como «una clase o sociedad de individuos que sostienen un sistema de principios y son llamados por el mismo nombre». Mientras una denominación permanezca solo como un vehículo a través del cual viaja la vida de Cristo, esto no es dañino. Puede ser un instrumento de Dios. Sin embargo, cuando sirve como vehículo para promover doctrinas denominacionales, las cuales son enseñadas con finalidad dogmática, limita peligrosamente las grandes corrientes de verdad que podrían correr en ella, y produce con frecuencia el legalismo. Cuando esto sucede, el vehículo necesita ser estacionado y a su divino Ocupante le es permitido seguir sin estorbos.

El propósito de las denominaciones es similar a los andamios, necesarios durante el proceso de construcción. Los andamios no son diseñados para oscurecer la estructura permanentemente. Una vez que el edificio es completado, necesitan ser removidos para que se vea la construcción real. El denominacionalismo es una estructura humana, establecida sobre las ideologías y dogmas que con frecuencia oscurecen la verdadera Iglesia que Cristo está construyendo. Para que la vida de Cristo sea vista en la Iglesia, el andamio del denominacionalismo humano debe ser removido.

## Tradiciones de los hombres

En segundo lugar, la Iglesia debe ser liberada de *las tradiciones de los hombres*. Según el *Diccionario Anaya de la Lengua*, «tradición» significa: «Conjunto de valores ideológicos transmitidos oralmente de generación en generación, que forman la base de una comunidad en materia de ritos, folclor y costumbres.»

Los fariseos le preguntaron a Jesús: «¿Por qué tus discípulos quebrantan la tradición de los ancianos? Porque no se lavan las manos cuando comen pan» (Mateo 15.2). Sus tradiciones eran más importantes que la Palabra de Dios. Jesús les asestó una severa crítica, e inclusive repudió la tradición oral, concluyendo que los decretos orales de los ancianos eran de origen totalmente humanos (Marcos 7.6-13).

Pablo declaró que había sido excesivamente celoso de las tradiciones de sus padres hasta que «...agradó a Dios ... revelar a su Hijo en mí» (Gálatas 1.15,16). Cuando Cristo le fue revelado, él fue llevado de una lealtad devota a un sistema religioso intenso.

Desafortunadamente, en la Iglesia de hoy la mente carnal del hombre ha interpretado gran parte de las Escrituras para nosotros, no permitiendo que el Espíritu Santo, el divino Maestro que las escribió, revele sus verdades a nuestros espíritus. Como resultado hemos desarrollado prácticas religiosas que llegan a ser «zonas confortables» para la mentalidad de nuestras iglesias. Hemos fallado en dividir correctamente la Palabra de Dios, leyéndola de acuerdo a las instrucciones humanas.

Pedro les recuerda a los cristianos que ellos no fueron redimidos «de vuestra vana manera de vivir, la cual recibisteis de vuestros padres» con cosas corruptibles, como la plata o el oro (1 Pedro 1.18). La Iglesia debe retornar a la Palabra de Dios y permitir al Espíritu de Verdad que nos enseñe y nos libere de la tradición religiosa, la que se ha convertido, a los ojos de los hombres, en una ley más alta que la Palabra de Dios. Sin consideración a la tradición y las leyes humanas, la Palabra de Dios es el «sí» y el «amén» finales.

## Prejuicios

Los prejuicios constituyen la tercer área de pensamiento de la cual la Iglesia debe ser librada. Los prejuicios irracionales, juicios u opiniones contrarios a los hechos, y que engendran sospechas, intolerancia u odio, no tienen lugar en la Iglesia de Cristo. Ya sea que nuestro prejuicio sea contra alguna raza, género, secta, clase, estatus, nos mantendrá alejados de escuchar la verdad de Dios revelada por el Espíritu Santo.

Pablo no sólo declara que: «...venida la fe [en Cristo]» (Gálatas 3.25) nuestras distinciones prejuiciosas ya no existen (v. 28), sino que también escribió a Timoteo: «...que guardes estas cosas sin prejuicios, no haciendo nada con parcialidad» (1 Timoteo 5.21). La verdadera Iglesia de Cristo será libre del destructivo poder del prejuicio.

## Cultura

Tal vez nada es más básico en nuestro pensamiento natural que la *cultura*. Aquellos conceptos, hábitos, habilidades, artes, formas de pensar, emociones, maneras y gustos que caracterizan nuestra cultura nativa nos parecen «correctos». Por esa razón los misioneros han exportado con frecuencia más de su cultura que de la vida de Cristo.

Debemos ser liberados de nuestra esclavitud a la cultura, a fin de poder entender otras culturas, y permitir que el Cristo en nosotros se mueva en y a través de cualquier cultura. Él trae nuevas y más altas formas de vida, que trascienden las limitaciones de la cultura. Nuestro Señor puede vivir en cualquier cultura que rinda sus caminos a Él.

A pesar de que la mayoría de nosotros tendríamos dificultad de relacionarnos con las culturas tribales africanas, es un hecho que miles de preciosos africanos están recibiendo a Jesús cada día. Después de ser salvados, estos cristianos africanos encontrarán que ya no pueden seguir sirviendo como curanderos u ofreciendo sacrificios de sangre y practicando otras costumbres tribales. Ellos deberán llegar a conocer a Cristo como Aquel que cubre todas sus necesidades. Él los librará de las prácticas no santas de sus culturas, de la misma forma en que libera a las gentes de las culturas occidentales de las prácticas no santas.

## Costumbres

Finalmente, la Iglesia debe ser liberada de las *costumbres*. Legalmente, una costumbre se refiere a cualquier práctica uniforme establecida desde hace mucho tiempo, la cual es aceptada por el sentido común de una sociedad, a tal extremo que, aun sin estar escrita, es tomada con la fuerza de una ley. Las costumbres son reforzadas por la reprobación social de cualquier violación.

Cristo ha liberado al hombre de la tiranía de los estándares humanos de justicia, los cuales proceden de afuera por imposición, y Él ha puesto en nosotros sus estándares de justicia, los cuales vienen por el Espíritu Santo. El Espíritu escribe las leyes de Dios sobre nuestros corazones. Pablo denunció a los judíos, quienes estaban tratando de agregar sus costumbres como requerimientos para la salvación. Al imponer esos requisitos, ellos asumían que la sacrificial, vicaria y eficiente muerte de Cristo no era suficiente para efectivizar la salvación (Gálatas 2.21).

En cualquier lugar en que la Iglesia incluya inadvertidamente las demandas de costumbres como criterio para la vida cristiana, debe arrepentirse y regresar a la completa fe en la obra del Calvario.

Las costumbres de mi trasfondo religioso dictaban que a la mujer no le era permitido cortarse el pelo o usar joyas. Esas prácticas eran consideradas pecaminosas de acuerdo a la interpretación que mi denominación hace de las Escrituras. Violar esas costumbres podía atraer la ira de la iglesia sobre una mujer.

He sido liberada de la esclavitud de estas costumbres, dándome cuenta de que ellas eran el resultado de leyes humanas que trataban de legislar la santidad. He aprendido que esa santidad es una cuestión del corazón. Si nuestros corazones son santos, nuestra apariencia mostrará modestia y santidad —sin la rigidez de las costumbres humanas.

Solo cuando permitimos que el Espíritu Santo nos hable la verdad, convenciendo a nuestros corazones y limpiándonos de nuestros pensamientos erróneos en cualquiera de estas cinco áreas que acabamos de ver, estaremos en capacidad de recibir la revelación de la Palabra de Dios y estar preparados para ser parte del gran avivamiento por venir. Aun la revelación más básica de la vida espiritual en Dios no es posible mientras sigamos pensando en entender las Escrituras a través de perspectivas erróneas.

## Ejemplos de pasajes comúnmente mal interpretados

Sé que los siguientes párrafos pueden desafiarlo a usted a ver algunos pasajes en forma diferente a como lo ha hecho en el pasado. La mayoría de nosotros hemos leído las Escrituras con la mentalidad de nuestra cultura occidental.

Sin entender las costumbres de los días de Jesús, jamás podremos entender el significado de ciertos eventos. Por favor, permita al Espíritu Santo abrir su mente a la posibilidad de una perspectiva diferente, a medida que estudiamos estos pasajes. Ore para que la luz iluminadora de Dios le traiga revelación fresca a medida que lee.

*Malinterpretando a la mujer en el pozo.* Todos aquellos que hemos enseñado que la mujer samaritana a la cual Jesús se dirigió en el pozo era una adúltera, deberemos arrepentirnos delante de ella en el gran día del Juicio Final (ver Juan 4). En todo el diálogo de Jesús con esta mujer, Él no mencionó pecado. Aunque le contó la historia de su vida, no dio a entender de que ella estuviera viviendo en pecado. Nosotros lo deducimos porque no entendemos las costumbres de esos días.

Un rabino judío me explicó la falacia de nuestra interpretación sobre este pasaje de las Escrituras. La ley de aquellos días permitía, a una mujer que había enviudado, casarse con el hermano de su marido muerto. Él era responsable por dejar descendencia para el nombre de su hermano. Aparentemente, la mujer samaritana había enviudado cinco veces, y se encontraba comprometida con el sexto de los hermanos. La costumbre de aquellos días no le permitía a una mujer judía o samaritana hablar con un hombre en la calle. Pero después de que ella se había casado con cinco hermanos, le era permitido hablarle a los hombres, y a los hombres se les permitía hablar con ella.

También es una costumbre judía que cuando una mujer está prometida a un hombre, es llevada a la casa del novio antes de la boda, no para consumar la relación sino para establecer trato con la familia. Por esta razón Jesús le dijo: «...y el que ahora tienes no es tu marido» (Juan 4.18).

De acuerdo con nuestra mente occidental, «tener» un hombre quien no es su marido significa que está involucrada en una relación adúltera. No es así en la tradición judía. Simplemente se refiere al tiempo de compromiso.

Mi amigo, el rabino judío, me explicó esta costumbre

y me preguntó si yo había enseñado que Rut la moabita era una adúltera. Le respondí vehementemente: «¡Por supuesto que no!» Aun así, ella durmió a los pies de Booz antes de estar casada. Eso era lo que Noemí le había dicho que hiciera, y siguiendo la sugerencia de su suegra no violó la ley moral.

La mujer samaritana llamó a Jesús «profeta» porque sabía que ella había estado casada con cinco hermanos, y no porque hubiera descubierto su vida de pecado. No hubo mención de pecado. El tema de su conversación era la adoración.

La gran verdad revelada a través del encuentro con la mujer en el pozo es que Dios busca personas que lo adoren en espíritu y en verdad (Juan 4.23). Esto requiere revelación del Espíritu Santo a nuestros espíritus, llevándose nuestras preguntas religiosas acerca de dónde debemos adorar, tal como la mujer samaritana preguntó, a un encuentro con el Dios vivo, el cual, sin darse cuenta, tenía delante. Ella se dio cuenta de que Jesús era un profeta, y cuando regresó a su ciudad su fervor indicaba que había recibido revelación de Dios. Se convirtió en una evangelista efectiva a causa de su encuentro con Jesús.

*¿Hubo nueve leprosos desagradecidos?* Muchos de nosotros hemos escuchado y otros tantos hemos enseñado el sermón sobre los nueve hombres desagradecidos de los diez leprosos que Jesús había sanado (Lucas 17.12-19). Hemos enseñado que nueve no regresaron a Jesús porque fueron desagradecidos. ¿Es realmente eso lo que está enseñando el libro? Cuando entendemos las leyes del Antiguo Testamento, llegamos a la conclusión de que no fue ese el caso.

Alguien ha dicho con bastante acierto que el Nuevo Testamento está escondido en el Antiguo, y que el Antiguo Testamento está revelado en el Nuevo. La semilla de la revelación neotestamentaria está escondido en los tipos y sombras del Antiguo Testamento. El Nuevo Testamento es el cumplimiento de todo lo preanunciado en el Antiguo. Por eso, debemos ser cuidadosos de interpretar el Nuevo Testamento sin violar las verdades establecidas en el Antiguo.

En el caso de los diez leprosos necesitamos entender la ley veterotestamentaria respecto de la lepra, para interpretar correctamente este pasaje. La respuesta a por qué los nueve leprosos no regresaron está en el Antiguo Testamento. Estos diez leprosos vinieron clamando: «¡Jesús, Maestro, ten misericordia de nosotros!» (Lucas 17.13). El hecho de que ellos llamaran a Jesús «Maestro» muestra que estaban sometidos al Rey. Eso significa que estaban deseosos de hacer lo que Él les pidiera. Cuando Jesús los vio, la única cosa que les dijo fue: «Id, mostraos a los sacerdotes» (v. 14).

¿Por qué los mandó Jesús a los sacerdotes? Los leprosos fueron enviados allí porque la ley de la lepra, escrita en el capítulo 13 de Levítico, declara que la gente en esa condición no podía retornar al campamento sin antes ser examinados por los sacerdotes. Había dos semanas de período de espera para confirmar su sanidad, durante las cuales los leprosos eran confinados en cierto lugar (Levítico 13.4,5). Cuando los sacerdotes declararan que habían sido sanados, podían ir a sus casas. Por lo tanto, Jesús guardó la ley en cada punto.

Las Escrituras declaran que el leproso que regresó a darle gracias a Jesús era un samaritano. Ya que los samaritanos no estaban sujetos a la ley judía, este hombre no estaba en condiciones de recibir un certificado de sanidad de parte de los sacerdotes. Estaba libre de irse, mientras que los otros nueve debían permanecer aislados, esperando confirmación de sus sanidad por parte de los sacerdotes. Cuando ellos recibieran esto, podían irse a casa, no teniendo que gritar más «¡Inmundo!». Los leprosos fueron tal como Jesús les dijo, recibiendo su sanidad mientras se iban. ¡Qué fe!

Pero el samaritano no tenía quién le diera un certificado de sanidad. Por lo tanto, volvió a Jesús, su sacerdote, a darle gracias. Jesús preguntó: «¿No son diez los que fueron limpiados? Y los nueve, ¿dónde están? ¿No hubo quién volviese y diese gloria a Dios sino este extranjero?» (Lucas 17.17,18).

Nosotros hemos malentendido la declaración de Jesús de que no se encontró a otro que agradeciera. Ellos estaban aislados, según la ley del Antiguo Testamento, y no podían regresar a darle gracias. La Escritura no dice nada acerca de que ellos fueran desagradecidos. Simplemente no estaban disponibles para retornar a Jesús, excepto el samaritano, quien volvió a Jesús como su sacerdote. La pregunta de Jesús: «¿No son diez los que fueron limpiados? Y los nueve, ¿dónde están?», no fue una expresión de sorpresa sino un reporte de hecho sobre la sanidad que acababa de ocurrir. Él sabía que aun haciendo la pregunta, los nueve leprosos sanados estaban presentándose a sí mismos como evidencia del milagro que había tenido lugar. ¿Puede usted imaginarse la sorpresa que los sacerdotes deben haber experimentado?

*¿Por qué dudó Tomás?* El espíritu Santo me dijo que debo pedirle perdón a Tomás por llamarlo «el dubitativo Tomás». Ya me he arrepentido por fe. Lamento haber dicho cosas negativas acerca suyo.

Hay una mayor y más excelente revelación del nuevo nacimiento en el incidente que involucra a Tomás y la reaparición de Jesús. En el día de su resurrección, Jesús se les apareció a los discípulos en el Aposento Alto. Diez de los doce estaban allí. Por supuesto, Judas Iscariote no estaba allí. Por alguna razón, Tomás tampoco estaba.

Después de saludar a los presentes, Jesús sopló sobre ellos y les dijo: «Recibid el Espíritu Santo» (Juan 20.22). Él abrió sus ojos y su entendimiento. Les mostró sus manos y su costado (Juan 20.20). Los invitó a tocar su cuerpo (Lucas 24.39). Ese día ellos se convirtieron en recipientes de la eficaz, vicaria y sustitutiva obra del Calvario. Habían sido soplados por Dios. Jesús también los había comisionado, diciéndoles: «Como me envió el Padre, así también yo os envío» (v. 21).

Tomás no estaba allí ese día, por lo que los demás discípulos le contaron sobre el encuentro con el Cristo resucitado. Ellos lo habían tocado personalmente y habían sido tocados por Él, recibiendo la vida y la comisión que les había dado al decirles «Recibid el Espíritu Santo». Cuando Tomás respondió: «Si no viere en sus manos la señal de los clavos, y metiere mi dedo en el lugar de los clavos, y metiere mi mano en su costado, no creeré», él estaba clamando por tener el mismo encuentro que ellos habían tenido (Juan 20.25). Él buscó tocarlo personalmente, tal como ellos lo habían hecho. El hecho es que no podemos ser salvos mediante un apoderado, sino por un encuentro personal con el Cristo viviente. Tomás quería eso para él mismo.

Ocho días más tarde, cuando Jesús apareció a los discípulos otra vez, Tomás estaba allí. Después de permitirle tocar sus heridas, Jesús lo exhortó a creer. La respuesta de Tomás es una gráfica demostración de los requerimientos del nuevo nacimiento: un encuentro personal con Cristo. Dios nos muestra a través del ejemplo que si no lo tocamos por nosotros mismos, nuestros espíritus no serán abiertos para recibir su aliento.

## Ayudas para recibir la revelación

Debemos ser conscientes de los obstáculos, a fin de recibir la revelación de la Palabra, por lo cual podemos ser limpiados de ellos o sencillamente evitarlos. Aun así, necesitamos conocer cuáles son las muchas ayudas para vencer esos obstáculos, de manera que podamos disfrutar una relación revelatoria con nuestro Señor.

La ignorancia es, frecuentemente, una de las armas más efectivas del enemigo en contra nuestra —evitando que conozcamos la verdad que nos liberará. Desde el comienzo del tiempo, Dios ha estado usando muchas formas para revelarse a Sí mismo al hombre, a fin de ayudarnos a vencer nuestra ignorancia acerca de Él y de sus caminos.

# Dios se revela a Sí mismo como Dios

El deseo más grande de nuestro Padre es revelarse a Sí mismo a la humanidad. El plan entero de redención testifica sobre este hecho.

El omnipotente Dios ha estado mostrando desde el principio que restaurará su relación con la humanidad. Ha estado utilizando diferentes formas para revelarse a Sí mismo y a su carácter ante la humanidad, registrándolo cuidadosamente en el Libro de la Ley para que todos lo leyeran. Él ha usado mayormente tres formas para comunicar su amor —la revelación de su gran corazón— a la humanidad.

## 1. Sus nombres

En el Antiguo Testamento hay registrados varios cientos de nombres de Dios. Cada uno revela un hermoso aspecto de su carácter. Ante Moisés, Dios se reveló como el «Yo Soy». Ante Abraham, en el Monte Moriah, se reveló como Jehová Jireh, el Dios que provee. Un estudio comprensivo de los nombres de Dios en las Escrituras revelará a nuestros corazones un entendimiento de quién es Él.

## 2. Sus actos

Dios se revela a través de las cosas que hace. Reveló su poder a los israelitas al dividir las aguas del Mar Rojo. Reveló su autoridad y un código de justicia cuando escribió la ley de Dios en las tablas de piedra. Él mostró su juicio cuando envió el Diluvio en los días de Noé y más tarde al quemar las ciudades de Sodoma y Gomorra. Él mostró su misericordia en la promesa del arco iris, y al responder al ruego de Abraham por su sobrino Lot.

En todo tiempo que se aprecia la mano de Dios en su trato con la humanidad, una porción de su divina naturaleza es revelada.

### 3. La descripción de Él mismo

Cada descripción de Dios registrada por aquellos que escribieron bajo la inspiración del Espíritu Santo nos da una maravillosa revelación de quién es Dios. Especialmente descriptivos son los salmos de David y de otros, revelándolo como nuestro escudo y amparo, y nuestra fortaleza (Salmos 35.2; 144.2).

Uno de mis retratos favoritos sobre Dios es el Pastor del Salmo 23. Libros enteros han sido escritos para ayudarnos a entender el significado de Dios como nuestro Pastor. No obstante, en la Palabra es descrito como un fuego consumidor y el Juez de toda la tierra (Hebreos 12.29; Salmo 50.6). Cada descripción de Dios revela una faceta de su carácter, a través de la cual debemos conocerlo.

Es un simple hecho que podemos conocer a Dios tan profundamente como lo deseemos. Demasiado a menudo abandonamos la responsabilidad de buscarlo, tratando de adquirir entendimiento de sus nombres, sus actos o la descripción que Él mismo hace sobre Sí, de manera que la revelación pueda iluminar nuestros corazones. Algunas veces simplemente queremos que Dios nos visite, que venga a nosotros y nos haga sentir bien.

Pero a menos que le permitamos a la Palabra de Dios que nos lo defina, a menos que busquemos el conocer cada faceta de su carácter, no podremos conocerlo íntimamente. Debemos buscarlo como quien explora por plata, a fin de traer el conocimiento de Él mismo a nuestras vidas.

Cuando comenzamos a cavar, disponiéndonos a estudiar la Palabra, necesitamos asegurarnos de que hemos invitado al Maestro a la clase. Necesitamos pedirle al Espíritu Santo que nos dé la revelación que necesitamos. No tiene sentido estudiar sin Él, ya que nuestras mentes naturales no pueden entender lo que estamos leyendo. Frecuentemente oro la oración de Efesios 1, pidiendo «el espíritu de sabiduría y de revelación en el conocimiento de él» (v. 17).

## Una revelación de salvación

Había sido nacida de nuevo por veinte años antes de entender qué fue lo que realmente me ocurrió en mi experiencia de conversión. Había enseñado la Palabra sin la revelación real de lo que involucra la salvación. Después de ser sanada y bautizada en el Espíritu Santo, y a medida que mi Maestro comenzó a explicarme el Libro, Él me preguntó si yo lo había buscado para explicar la comunicación de la semilla viviente.

Me sentí avergonzada. Dije: «Jesús, ¿quieres decir que nunca supe eso? ¡He estado predicando por largo tiempo, y no sabía lo que había ocurrido conmigo cuando fui salva! Por cierto, estoy regresando al primer nivel.»

Él me confortó, diciendo: «Hija, tu no le hablas a tus hijos sobre pájaros y abejas cuando son bebés. Ahora eres lo suficientemente mayor para que te cuente qué sucedió en tu nuevo nacimiento.

Él me mostró a la pequeña virgen María arrodillada ante el Señor. Al ver cómo el Espíritu Santo la cubría con su sombra, entendí que de la misma forma en que Él había cubierto a María, cubrió mi espíritu cuando nací de nuevo. De la forma en que Él la había embarazado con Jesús, así me embarazó con la semilla de Dios en mi espíritu. La realidad de la salvación es que Dios está viviendo en nuestros espíritus desde el mismo momento en que nacemos de nuevo.

## Entendimiento profundo de la Palabra

En otra ocasión en que estuve meditando en su Palabra, el Espíritu Santo me trajo a la mente lo que le declaró al profeta Isaías: «Así será la palabra que sale de mi boca; no volverá a mí vacía, sino que hará lo que yo quiero, y será prosperada en aquello para que la envíe» (Isaías 55.11). Yo había comprendido que este pasaje significaba que cualquier cosa que Dios dijera ocurriría, y que cuando su Palabra fuera predicada, habría resultados; no retornaría vacía de fruto.

El Espíritu Santo no me regañó por mi interpretación, implicando que había sido válido tan lejos cuanto había llegado con eso. Sin embargo me hizo esta pregunta: «¿Quién es la Palabra? ¿De dónde vino Él? ¿A qué lugar Él retornará?»

Mi mente inmediatamente fue al primer capítulo de Juan, y respondí que la Palabra era Jesús. «En el principio era el Verbo, y el Verbo era con Dios, y el Verbo era Dios» (v. 1). También recordé el versículo de Filipenses que dice que Jesús «no estimó ser igual a Dios...» (6.2). Él se despojó a Sí mismo de la deidad y vino a ser hombre, y un siervo de los hombres, llegando a ser obediente hasta la muerte, y muerte de cruz. Cuando ascendió después de su resurrección de la muerte, retornó a su Padre.

A medida que el Espíritu Santo abrió mi entendimiento, me di cuenta de que el profeta Isaías estaba declarando que Cristo, la Palabra Viviente, no retornaría vacío a su Padre —sin fruto. La Iglesia retornará al Padre en Él. La Palabra viene a la tierra a recuperar la Iglesia, y Él retornará lleno de los creyentes nacidos de nuevo. La Palabra Viviente llevará a cabo todo lo que el Padre deseó completar.

¡Qué hermosa dimensión de la Palabra vino a mi corazón con esa revelación! El Espíritu Santo no sólo corrige las interpretaciones defectuosas que tenemos sobre algunos pasajes, sino que Él añade al limitado entendimiento que tenemos sobre otros.

A través de las Escrituras, Dios ha hecho que los requisitos que debemos cumplir para conocerlo sean muy claros. Para conocerlo debemos buscarlo a Él y a su Reino por sobre todas las cosas. El esfuerzo requerido de nuestra parte será recompensado con el tesoro divino de la revelación de Dios mismo. El amor por Dios nos motivará a buscarlo hasta que encontremos a Aquel que nuestras almas aman.

Jesús declaró: «Bienaventurados los que tienen hambre y sed de justicia, porque ellos serán saciados» (Mateo 5.6). El hambre por Dios es una condición maravillosa que traerá beneficios eternos a nuestras almas. Los libros y cintas cristianas podrán ayudarnos, pero nunca pueden sustituir la exploración personal para buscar plata, lo cual trae la revelación de Dios a nuestras almas.

*«Si clamares a la inteligencia,
y a la prudencia dieres tu voz;
si como a la plata la buscares,
y la escudriñares como a tesoros,
entonces entenderás
el temor de Jehová,
y hallarás el conocimiento
de Dios.»*

PROVERBIOS 2.3-5

# 9

# En búsqueda de plata

---

## Herramientas prácticas para la tarea*

**S**i en su lectura hasta este punto ha sido inspirado a buscar revelación fresca de Dios, usted está listo para recibir algunas guías y métodos muy prácticos para explorar la preciosa plata. En este punto, algunos indudablemente vacilarán, prefiriendo contemplar la belleza de la plata, mientras que otros, en cambio, tomarán las herramientas y emplearán el esfuerzo requerido para sacarla por ellos mismos.

Aun cuando es verdad, tal como hemos visto, que es el trabajo del Espíritu Santo el develar la vida de Cristo en nosotros, es también verdad que debemos hacernos disponibles a nosotros mismos a su obra, llenando nuestras mentes con la Palabra de Dios.

Al principio, las herramientas pueden parecer inútiles para excavar el apreciado tesoro —la bella revelación de

---

*Dado que el presente trabajo es traducción del original en inglés, los materiales en español sugeridos en este capítulo han sido compilados por el personal del Departamento Editorial de Casa Creación, a fin de ayudar al lector hispano en el estudio de la Palabra de Dios.

Dios que hemos estado contemplando. No obstante, sin la ayuda de esos instrumentos prácticos, no podremos tener éxito al extraer el precioso mineral plateado de sabiduría y revelación para nuestras almas. Debemos atrevernos a no estar satisfechos con la revelación de otro, ya que de esa forma no alcanzaremos el mismo poder para redimir nuestras almas, de la manera en que lo hace una relación personal con Dios.

## Herramientas para cavar

Mi papá trabajó bastante para tener un taller en nuestra casa, con sofisticadas y caras herramientas, las cuales le servían para las complicadas tareas de arreglar la carpintería, la plomería (fontanería) y el sistema eléctrico de la casa. No obstante, también tenía una pequeña caja de herramientas que llevaba con él a cualquier lado. Nunca salía sin ella.

Como una pequeña niña, pegada detrás de mi papi, yo aprendí a identificar cada herramienta en la pequeña caja. Inclusive aprendí a usar aquellas de uso más frecuente y de más fácil maniobrabilidad.

Si bien no necesitamos un taller complicado tal como una biblioteca teológica para estudiar la Palabra de Dios de manera efectiva, sí necesitamos una pequeña caja de herramientas, llena con aquellas cosas básicas que nos ayudarán en nuestro estudio.

Las Escrituras describen el trabajo práctico que involucra el cavar por plata, cuando nos amonestan a estudiar diligentemente para presentarnos ante Dios «aprobado, como un obrero que no tiene de qué avergonzarse, que usa bien la palabra de verdad» (2 Timoteo 2.15). Si no estamos deseosos de aplicarnos a nosotros mismos al trabajo del estudio, es porque no estamos deseándola lo suficiente. Necesitamos pedir a Dios una mayor hambre por Él.

## Un lugar de estudio

En este mundo de ruidos electrónicos, en el cual los teléfonos, radios, televisores y discos compactos están creando un constante estrépito de sonidos en nuestros automóviles, oficinas y casas, necesitamos pensar seriamente en disponer un lugar para estudiar, el cual pueda darnos la quietud que necesitamos; «Estad quietos y conoced que yo soy Dios.» Necesitamos un lugar donde podamos evitar efectivamente las interrupciones de clientes, familias, mascotas y llamadas telefónicas no solicitadas.

Nuestro lugar de estudio debe ser confortable, incluyendo un escritorio (o mesa), útiles de escribir para tomar notas, así como bibliotecas para guardar libros de estudio. Las herramientas necesarias para excavar por plata deben estar ubicadas convenientemente, para que no tengamos que ir a otra habitación o al piso de abajo a buscar lo que necesitamos. Así como somos de cuidadosos para preparar el lugar para nuestros hijos, para nuestra mascota, o aun para aquellas cosas que recordamos con cariño, cuánto más cuidado debemos tener para preparar un lugar apropiado para buscar a Dios, y proveerlo de todas las herramientas necesarias.

## La Biblia

Un requisito para el estudio de las Escrituras es una buena Biblia de estudio. Debe ser una con letras fácilmente leíbles, con papel adecuado para marcarlo.

Personalmente encuentro que la versión *Reina-Valera* —ya sea en versión 1960, o la más nueva 1995— es insuperable por la belleza de expresión en el idioma castellano, además de ser la más usada en el mundo cristiano evangélico de habla española. Sin embargo, también son necesarias otras traducciones, particularmente en vista de que el lenguaje cambia. La lectura de varias traducciones modernas podrán ayudar a arrojar luz sobre muchos pasajes bíblicos.

Las Biblias de estudio proveen, además del texto bíblico, comentarios, textos, artículos, mapas, cronologías y notas que ayudan al lector a comprender mejor las épocas bíblicas, los territorios donde los eventos tienen lugar, las costumbres que arrojan luz sobre los diferentes pasajes bíblicos, etcétera. Las ediciones de estudio son todas buenas, diferenciándose entre sí por la cantidad de ayudas que puedan acercar al lector. La *Biblia de Estudio Thompson* es una herramienta excelente. Usa la versión Reina-Valera como texto, y ha sido cuidadosamente dirigida en la composición de sus artículos explicativos, así como en las notas y comentarios. Es, tal vez, la Biblia de estudio más difundida al presente.

La Biblia *Dios Habla Hoy*, de Sociedades Bíblicas Unidas, contiene una versión en un lenguaje contemporáneo, popular, sin dejar de apegarse a los mejores originales de los manuscritos bíblicos. Después de varios años de publicada y de sucesivas revisiones, esta versión es una gran ayuda para entender el sentido de los textos bíblicos. Su edición de estudio trae notas explicativas elaboradas por eruditos y biblistas de prestigio, y es muy usada en las traducciones a lenguas vernáculas de América Latina.

La *Biblia de las Américas* (BdlA) es una traducción bastante fiel a los manuscritos originales, siendo especial el nivel que ha alcanzado en el Nuevo Testamento.

El Nuevo Testamento de la *Nueva Versión Internacional* es una traducción completamente nueva, realizada exclusivamente por eruditos hispanos, donde se ha priorizado el sistema dinámico de traducción; es decir, se busca primeramente el sentido original y la adaptación a los conceptos contemporáneos, aun cuando para ello deba no ser tan literal.

La *Biblia Plenitud* es otra edición de estudio que, usando la versión Reina-Valera, agrega comentarios y notas explicativas. Está enfocada hacia el público carismático.

## Concordancias

Las concordancias ayudan a ubicar los pasajes bíblicos que tratan de diferentes temas. Hay concordancias *de palabras* y *de temas*. La concordancia de palabras más completa hasta el momento es la *Concordancia de las Sagradas Escrituras*, de Editorial Caribe, realizada en los años sesenta. Para su elaboración se usó la versión Reina-Valera de 1960, por lo que su mejor uso es con esa versión. Sobre concordancia de temas, la más conocida es la *Concordancia temática de la Biblia*, de la Casa Bautista de Publicaciones. Aun cuando es pequeña, es una insustituible ayuda.

## Diccionarios

Los diccionarios bíblicos brindan claridad sobre palabras, lugares, personajes, conceptos y doctrinas de las Escrituras. El diccionario cristiano evangélico más prestigioso en lengua española es el *Nuevo diccionario bíblico*, de Ediciones Certeza, que fuera traducido del inglés hace pocos años. Otro diccionario bueno es el *Nuevo Diccionario Bíblico Ilustrado*, de Editorial Clíe, el cual usó la información contenida en el *Diccionario Ilustrado de la Biblia*, de Editorial Caribe, producido íntegramente en Iberoamérica.

## Manuales y atlas bíblicos

Los manuales bíblicos son herramientas que ayudan a introducir al estudiante en los temas, trasfondos, lenguas y culturas de los tiempos bíblicos. Tienen artículos panorámicos sobre toda la Biblia, así como particulares sobre cada libro del canon. El más antiguo y conocido en idioma español es el *Compendio manual de la Biblia*, de Henry Halley, (Editorial Moody/Portavoz). Otros excelentes son el

*Nuevo manual bíblico de Unger*, de Merrill Unger (Editorial Portavoz) el *Manual bíblico ilustrado*, de Editorial Unilit, y el *Auxiliar bíblico Portavoz*, de Harold Willmington (Editorial Portavoz). Esta última editorial ha producido también el *Nuevo manual de usos y costumbres de los tiempos bíblicos*, de Ralph Gower, el cual contiene valioso material para entender la vida cultural de los tiempos que narran las Escrituras.

Por su parte, los atlas ponen énfasis en los mapas, planos y recuadros de los lugares bíblicos, echando mano, mayormente, a los descubrimientos arqueológicos para explicar y dar a conocer el mundo de los tiempos bíblicos en su faz histórico-geográfica. El *Nuevo atlas bíblico* (Editorial Unilit) es bastante completo, así como la serie de Editorial Portavoz sobre mapas bíblicos, planos del templo de Jerusalén, la ciudad de Jerusalén, etcétera.

## Comentarios bíblicos

Los comentarios son libros de estudio sobre el texto bíblico en sí. Los hay *exegéticos* —aquellos que explican el texto palabra por palabra y frase por frase—, *explicativos* —los que intentan explicar el sentido original de las frases y oraciones bíblicas— y *temáticos* —aquellos más devocionales, que tratan los diferentes tópicos incluidos en los libros del canon bíblico.

En el mundo evangélico español no existe mucho material exegético propiamente dicho. En este campo podría incluirse la serie de seis tomos de *Imágenes verbales en el Nuevo Testamento*, de A.T. Robertson (Editorial Clíe). También el *Diccionario teológico del Nuevo Testamento*, de Coenen, Beyreuther y Bietenhard (Editorial Sígueme) puede servir para un estudio exegético.

Entre los explicativos se hallan el *Nuevo comentario bíblico*, de Guthrie, Motyer, Stibbs y Wiseman (Casa Bautista de Publicaciones), el *Comentario exegético y explicativo de la Biblia*, de Jamieson, Fausset y Brown, en dos tomos, el *Comentario de la Santa Biblia*, de Adam Clark (Casa Nazarena de Publicaciones), de tres tomos, el *Comentario del Nuevo Testamento*, de Guillermo Hendriksen (Subcomisión de Literatura Cristiana), en diez tomos, y el reciente *Comentario al Nuevo Testamento*, de William MacDonald (Clíe), publicado en un solo volumen.

El material más abundante se halla en los comentarios temáticos —devocionales— y todas las casas editoriales importantes han producido a lo menos una serie sobre los diferentes libros de las Escrituras. Allí podemos encontrar el *Comentario a los libros de la Biblia*, de Carlos Erdman (Editorial Tell), el *Comentario del Nuevo Mundo*, de autores varios, (Unilit), el *Comentario Bíblico Carroll* (Casa Bautista de Publicaciones), el *Comentario bíblico Portavoz*, de autores varios (Editorial Portavoz), *El Nuevo Testamento comentado por William Barclay*, W. Barclay, de Editorial Clíe (el lector debe estar avisado de que este comentarista no era muy entusiasta en aceptar los milagros de Jesús como tales, buscando siempre una explicación alternativa; su valor está en la información clave sobre la cultura y la geografía de Palestina, lo que brinda un trasfondo valioso para interpretar las Escrituras).

## Una amplia gama

Mi propósito aquí ha sido introducir al creyente sincero en una variedad de ayudas de estudio, las que servirán como herramientas efectivas a aquellos que desean estudiar seriamente las Escrituras. De todas formas, esta lista es muy limitada y puede escaparse de ella algún título importante. Tal vez estos puedan servir de ayuda a quienes están comenzando a desarrollar su propia biblioteca bíblica.

Para aquellas personas que disfrutan las bendiciones de las cosas confortables, como el horno de microondas, las sopas o el café instantáneos, o cualquier otro elemento de ahorro de tiempo, es importante notar que el estudio serio de las Escrituras no será así de fácil. Aun teniendo todos los implementos de la cultura del «instantáneo» que poseemos, somos la generación más ocupada que ha existido. Requerirá sacrificio ir al lugar de estudio.

Una vez allí, necesitaremos estar deseosos de esforzarnos en estudiar y orar, a fin de alcanzar la rica vena de plata, la cual está esperando por nosotros en la Palabra de Dios para nuestras almas. Sólo puedo animar a cada corazón hambriento en el sentido de que, cualquiera sea el sacrificio requerido, será digno de gustar todo el sabor de la presencia de Dios en nuestras almas, la cual es la única fuente de verdadera satisfacción que podemos conocer.

*«No os conforméis a este siglo,
sino transformaos
por medio de la renovación
de vuestro entendimiento,
para que comprobéis cuál sea
la buena voluntad de Dios,
agradable y perfecta.»*

ROMANOS 12.2

# 10

## La transfiguración: el fin de la revelación

---◆---

### Llegando a ser hijos con conocimiento

La idea de que podemos tener los mismos pensamientos de Cristo es casi incomprensible. Aun así, Pablo declara sobre nosotros: «Mas nosotros tenemos la mente de Cristo» (1 Corintios 2.16). Esto es una verdad a tal extremo que caminamos en la madurez y la revelación divina contenida en la vida de Cristo.

Dios ha pretendido que todos nosotros lleguemos «a la unidad de la fe y del conocimiento del Hijo de Dios, a un varón perfecto, a la medida de la estatura de la plenitud de Cristo» (Efesios 4.13). A ese fin, Él dio dones a la Iglesia —apóstoles, profetas, evangelistas, pastores y maestros— «a fin de perfeccionar a los santos para la obra del ministerio, para la edificación del cuerpo de Cristo» (Efesios 4.11,12). Su objetivo es tener hijos (e hijas) maduros, quienes puedan reflejar el amor del Padre como Cristo lo hizo en la tierra.

Uno de los siete oficios del Espíritu Santo a través

del cual completa el plan de Dios es el espíritu de adopción. Nuestras costumbres occidentales respecto de la adopción de niños son un poco diferentes a las orientales, y pueden ensombrecer nuestro entendimiento bíblico sobre la adopción.

Nuestra práctica de adopción puede ser definida simplemente como «entrar a una relación por elección». En nuestra cultura, la adopción involucra tomar un bebé o niño de otra familia, darle nuestro apellido y hacerlo nuestro hijo legalmente. Cambiamos su entorno, y él, sin duda, adoptará muchas de nuestras características simplemente por vivir con nosotros. Hasta podemos influenciar sus elecciones, y él compartirá nuestros puntos de vista y nuestras actitudes sobre muchas situaciones de la vida. Sin embargo, los rasgos que él recibió por herencia no pueden ser cambiados, porque su línea de sangre no fue afectada por la adopción.

En la cultura bíblica, la adopción no se refería a la práctica de tomar el hijo de otra persona, llevarlo a nuestra propia casa y criarlo como nuestro. Cuando un hijo crecía hacia la madurez y estaba en condiciones de llevar el nombre de la familia responsablemente, era declarado «hijo» por su padre, y era adoptado como un heredero de las propiedades de la familia. La adopción era el reconocimiento de la madurez del hijo (Gálatas 4.1,2). No tomaba lugar en el nacimiento. La declaración de adopción se llevaba a cabo en la madurez; eso significaba herencia y posibilidad al trono, gobierno y copropiedad.

Está escrito sobre Jesús que «crecía en sabiduría y en estatura, y en gracia para con Dios y los hombres» (Lucas 2.52). Estas pocas palabras acerca de la vida de Jesús como muchacho revelan el proceso de madurez que lo preparó para ser un Hijo. El profeta Isaías declaró: «Porque un niño nos es nacido, hijo nos es dado, y el principado sobre su hombro...» (Isaías 9.6). Aunque Jesús era el Mesías-niño-encarnado nacido de una virgen, María, a Él se le requirió crecer en madurez para llegar a ser el Hijo que «nos es dado».

¿Cuál fue la primera cosa que el Padre dijo audiblemente acerca de Jesús en su bautismo por agua? Él declaró desde los cielos, para que todos escucharan: «Este es mi Hijo amado» (Mateo 3.17). Su declaración no fue solamente una reiteración de la identidad de Jesús. Significaba que Jesús había calificado para ser Hijo a los ojos del Padre. Había satisfecho los requerimientos divinos para ser hijo. Cuando Jesús fue al monte de la transfiguración, Dios declaró nuevamente: «Este es mi Hijo amado, en quien tengo complacencia» (Mateo 17.5).

Jesús no hizo nada que el Padre no le hubiera dicho que hiciese. Vivió solamente para agradar a su Padre. Nosotros debemos seguir el ejemplo de Jesús si es que seremos llamados hijos de Dios. Nadie es un hijo maduro en el sentido bíblico si no ha absorbido el espíritu, el corazón, la visión y el propósito de su padre, deseando agradarle en todas las cosas. Esta madurez lo califica para ser hijo; entonces puede llevar los negocios de su padre.

Cuando nacemos en la familia de Dios como sus niños, Él no cambia sólo nuestro entorno sino también nuestra línea de sangre. Nos saca del poder de la oscuridad y nos traslada al reino de su querido Hijo (Colosenses 1.13). Él nos hace nacer en su familia.

Sin embargo, para llegar a ser hijos adoptados, es decir, quienes claman «Abba Padre», quienes son herederos del trono, se debe llegar a la madurez —creciendo en sabiduría y estatura, recibiendo el favor de Dios. Pablo enseña claramente a través de las epístolas que se espera que seamos hijos con conocimiento. El espíritu de adopción, el Espíritu Santo que vive adentro nuestro, nos capacita para llegar a ser hijos maduros. Nos adiestra, nutre y discipula hasta llegar a la estatura completa.

Pablo se refiere a este trabajo del Espíritu Santo al declarar: «Porque todos los que son guiados por el Espíritu de Dios, éstos son hijos de Dios» (Romanos 8.14). La disciplina de ser guiados por el Espíritu Santo, recibiendo revelación divina de Él para todas las situaciones de la vida, es el requisito para ser llamado hijo de Dios.

A medida que cedemos al espíritu de adopción, somos adiestrados como hijos. Mientras continuemos obedeciéndolo, Él nos hará herederos de Dios, y coherederos con Cristo Jesús. Un día nos dejará reinar con Él —cuando seamos lo suficientemente maduros para reflejar el espíritu, el corazón, la visión y el propósito de nuestro Padre.[1]

## El modelo del Hijo transfigurado

*«Sin embargo, hablamos sabiduría entre los que han alcanzado madurez; y sabiduría, no de este siglo, ni de los príncipes de este siglo, que perecen. Mas hablamos sabiduría de Dios en misterio, la sabiduría oculta, la cual Dios predestinó antes de los siglos para nuestra gloria.»*
—1 CORINTIOS 2.6,7

Pablo se refiere a los hijos maduros, aquellos quienes «han alcanzado madurez» y pueden oír la sabiduría de Dios. Él indica que hay un misterio involucrado en la sabiduría que Dios revela a sus hijos. Esta, que no ha sido conocida, llega a serlo a través de la revelación, mientras el velo es quitado de nuestras mentes. Pablo continúa:

*«Antes bien, como está escrito: Cosas que ojo no vio, ni oído oyó, ni han subido en corazón de hombre, son las que Dios ha preparado para los que le aman. Pero Dios nos las reveló a nosotros por el Espíritu; porque el Espíritu todo lo escudriña, aun lo profundo de Dios.»*
—1 CORINTIOS 2.9,10

Dios pretende que conozcamos sus propósitos divinos, y todo lo que ha preparado para nosotros desde la fundación del mundo. Pero la única fuente de esa información es la revelación del Espíritu de Dios cuando les habla a los hijos maduros de Dios.

Recientemente el Espíritu Santo me habló acerca de la transfiguración de Jesús. Entendí que Dios pretende que los creyentes sigan el modelo del Hijo a través de los siete pasos de la redención que Él caminó mientras estaba en la tierra. Somos los primeros en recibir la vida divina de Cristo por ser nacidos de nuevo. Luego, somos bautizados en agua, y después experimentamos el bautismo del Espíritu Santo.

El cuarto paso de la redención es el ser guiados al desierto, tal como Jesús lo fue, para vencer al enemigo de nuestras almas, derrotándolo como Él lo hizo al declarar: «Escrito está» (Mateo 4.4). Nuestro deseo puede tomar muchas formas —tener que dejar a nuestros parientes, amigos, posiciones doctrinales, ambiciones o planes— para seguir a Cristo. Todos podemos dar testimonio de un lugar de tentación, donde hemos tenido que tomar la decisión de adorar sólo a Dios.

Sin embargo, ¿cuántos de nosotros hemos pensado que el próximo paso en la vida de Jesús fue hablarle en el monte de la transfiguración? Fue allí donde Él experimentó el descubrimiento sobrenatural de la gloria de Dios, y escuchó la voz de los cielos que una vez más afirmaba: «Este es mi Hijo amado, en quien tengo complacencia» (Mateo 17.5). Seguramente no ocurre una experiencia similar en la vida de los creyentes.

Comprendemos que se nos requerirá ir a la cruz y ser crucificados con Cristo, a fin de disfrutar el poder de su resurrección. Así que de los siete pasos de la redención, todos menos el quinto, la transfiguración, parecen fáciles de ser aplicados a la vida del creyente.

Mientras estaba meditando en las Escrituras, el Espíritu Santo me mostró que lo que se manifestó en la transfiguración de Jesús fue Adán, tal como si él no hubiera caído en pecado. Él podría haber llegado a ser un hijo de Dios maduro, complaciendo al Padre en todo lo que hiciera.

Las Escrituras se refieren a Cristo como el postrer Adán (1 Corintios 15.45). Dado que Cristo creció en el favor de Dios y de los hombres e hizo la voluntad del Padre, llegó a ser el Hijo maduro a quien el Padre afirmaría. Fue entonces que Él entró en el ministerio que se le había ordenado, dirigido por el Espíritu Santo. Cada cosa que Él hizo en la tierra fue por el poder del Espíritu Santo obrando a través de su humanidad.

Mientras continuaba meditando sobre la maravilla de la transfiguración, el Espíritu Santo me dirigió al libro de Romanos. Me preguntó qué significaba la palabra *transformado* en Romanos 12.2. Al estudiar la palabra, comprendí que podía ser traducida como «transfigurado». Viene de la palabra *metamofosis* y significa ser cambiado o «metamorfoseado».

Comencé a llorar y temblar al ver la verdad de Dios clarificada. En este versículo el apóstol Pablo nos instruye: «Así que, hermanos, os ruego por las misericordias de Dios, que presentéis vuestros cuerpos en sacrificio vivo, santo, agradable a Dios, que es vuestro culto racional ... transformaos por medio de la renovación de vuestro entendimiento...» (Romanos 12.1,2). Lo que realmente está diciendo es que seamos transfigurados por el poder del Espíritu Santo que está viviendo en nosotros.

¿De qué forma llenará Dios nuestros templos con su gloria? Cuando rindamos nuestros cuerpos a Él como sacrificios vivos, seremos transfigurados, y entonces la gloria de Dios será manifestada en nosotros y brillará delante nuestro. Su Palabra, la Palabra Viviente, obrando en nosotros sus deseos, nos transformará, por lo que la presencia de Dios brillará desde nosotros. Entonces avanzaremos en poder, tal como Jesús lo dijo, llevando a cabo las obras que Dios ha ordenado que hiciéramos.

## La gloria de Dios

Muchos creyentes tienen un concepto bastante vago acerca de la gloria de Dios. A pesar de que es referida en las

Escrituras cientos de veces, no siempre hemos sido claros al definirla. Varios de los significados de la gloria de Dios necesitan ser considerados. No obstante, la definición más simple de la gloria de Dios es que es su manifiesta y divina presencia, la cual reside en nosotros, y está cambiándonos a medida que permitimos la obra del Espíritu Santo. Pablo declaró que somos cambiados «de gloria en gloria» (2 Corintios 3.18).

Temblé cuando me di cuenta de que este terrenal vaso mío, este templo del Espíritu Santo, puede caminar con Dios en tal forma que es llenado con su gloria —su presencia manifiesta. Me emocioné sobremanera cuando comprendí que el postrer Adán no perdió la gloria de Dios como le ocurrió al primero. Jesús recibió en su humanidad todo aquello que habría recibido el primer Adán de no haber caído. Si el hombre no caía, Dios hubiera vertido su gloria —el peso de su divina presencia— dentro del hombre, así como caminó con él y mantuvo con él comunión. Nosotros presenciamos en las transfiguración de Jesús, la presencia de la gloria de Dios, tal como Él deseó dársela a Adán.

Ahora, siga a Cristo hasta el huerto de Getsemaní y escuche su oración:

> *«La gloria que me diste, yo les he dado, para que sean uno, así como nosotros somos uno. Yo en ellos, y tú en mí, para que sean perfectos en unidad, para que el mundo conozca que tú me enviaste, y que los has amado a ellos como también a mí me has amado.»*
> —Juan 17.22,23

Jesús declaró que no sólo estaba orando por sus discípulos sino también por todos los que creerían en Él (v. 20). Él quería que la gloria de Dios llenara nuestras vidas de la misma forma en que Él lo había sido.

Un día, el Cristo que mora en los templos de los creyentes —la Iglesia— oirá la divina voz de recomendación otra vez, cuando el Padre diga: «Esos son mis hijos amados, en quienes me complazco.» Él tendrá una gloriosa Iglesia sin mancha ni arruga, a través de la cual la gloria de Dios se manifestará al mundo. Para este fin, Pablo oró: «...a él sea la gloria en la iglesia en Cristo Jesús por todas las edades, por los siglos de los siglos» (Efesios 3.21). Jesús es el Autor y Consumador de nuestra fe. Él caminará en nosotros la misma senda de redención que caminó cuando estuvo en la tierra.

Nosotros no seremos llenados con su gloria por tener a alguien poniendo su mano sobre nosotros, o por profetizar sobre nosotros. Seremos transfigurados en la medida que la Palabra de Dios venga a nuestras vidas. En la medida que permitamos a nuestras mentes ser renovadas, transformando nuestros pensamientos y perspectivas carnales, y ser llenados con la divina revelación de la vida de Cristo, estaremos listos para decir con Pablo:

> «...y ya no vivo yo, mas Cristo viven en mí; y lo que ahora vivo en la carne, lo vivo en la fe del Hijo de Dios, el cual me amó y se entregó a sí mismo por mí.»
> —GÁLATAS 2.20

Jesús nos enseñó el camino de la revelación en la simple declaración: «Bienaventurados los de limpio corazón, porque ellos verán a Dios» (Mateo 5.8). Mientras permitimos al precioso Espíritu Santo llenar su mandato en nuestras vidas, rasgando el velo de la carne y dándonos las cosas que pertenecen a Jesús, seremos llenos con su gloria (la presencia de Dios manifestada).

De esa forma, a través de la vida de los creyentes, «...la tierra será llena del conocimiento de la gloria de Jehová, como las aguas cubren el mar» (Habacuc 2.14). Entonces veremos la Palabra de Dios cumplida en nosotros: «Levántate, resplandece; porque ha venido tu luz, y la gloria de Jehová ha nacido sobre ti» (Isaías 60.1).

El mundo podrá ver la gloria de Dios en su Cuerpo,

tal como los discípulos contemplaron la gloria de Dios en el monte de la transfiguración. Los grandes días de la historia de todo el cristianismo están precisamente por venir para la Iglesia. Según la revelación de la Palabra Viva llegue a manifestarse en cada una de nuestras vidas, llegaremos a ser la gloriosa Iglesia que Dios espera que seamos. Mi más seria oración por la Iglesia de hoy está expresada poderosamente en la oración del apóstol Pablo por todos los «...fieles en Cristo Jesús...» (Efesios 1.1)

> *«Para que el Dios de nuestro Señor Jesucristo, el Padre de gloria, os dé espíritu de sabiduría y de revelación en el conocimiento de él, alumbrando los ojos de vuestro entendimiento, para que sepáis cuál es la esperanza a que él os ha llamado, y cuáles las riquezas de la gloria de su herencia en los santos, y cuál la supereminente grandeza de su poder para con nosotros los que creemos, según la operación del poder de su fuerza, la cual operó en Cristo, resucitándole de los muertos y sentándole a su diestra en los lugares celestiales, sobre todo principado y autoridad y poder y señorío, y sobre todo nombre que se nombra, no sólo en este siglo, sino también en el venidero.»*
>
> —EFESIOS 1.17-21

Según la Iglesia crece hacia la madurez, esta vida divina de Cristo, la revelación de quién es Él en toda su gloria, será vista por el mundo a través de los creyentes. Nuestra unidad con Dios resultará en nuestra unidad los unos con los otros. Mientras permitamos al Espíritu Santo dividir en dos nuestras almas y espíritus, el amor de Cristo será manifestado de unos hacia los otros, y hacia el mundo perdido. No solo nuestras vidas serán transformadas, sino que también nos regocijaremos por la gran cosecha de almas en respuesta a la oración de Jesús al Padre: «...para que el mundo crea que tú me enviaste» (Juan 17.21).

Cuando Jesús traiga muchos hijos a la gloria —hijos con conocimiento, aquellos que claman «Abba Padre», y quienes están viviendo por revelación divina— la declaración del profeta concerniente a Él será cumplida: «Verá el fruto de la aflicción de su alma, y quedará satisfecho...» (Isaías 53.11).

# Notas

**Capítulo 2**
*La relación a través de la revelación*
1. C. Austin Miles, *In the Garden*, Word, 1940.

**Capítulo 3**
*Las bases de toda la revelación verdadera*
1. —*The Works of John Wesley*, Baker Book House, Grand Rapids, 1979. Citado en Fuchsia Pickett, *How to Search the Scriptures*, Fuchsia Pickett Ministries, Blountville, 1972.

**Capítulo 4**
*Cómo escuchar la voz de Dios*
1. Everett L. Worthington, Jr., *When Someone Asks For Help*, Intervarsity Press, Downers Grove, 1982.

**Capítulo 5**
*El lenguaje de las Escrituras*
1. Fuchsia Pickett, *For Such a Time as This*, Destiny Image Publishers, Shippensburg, 1992.
2. Fuchsia Pickett, *The Profetic Romance*, Creation House, Lake Mary, 1996.

**Capítulo 10**
*La transfiguración: el fin de la revelación*
1. Fuchsia Pickett, *Presenting the Holy Spirit*, Destiny Image Publishers, Shippensburg, 1993.

# Acerca de la autora

La Dra. Pickett estudió en John Wesley College y Virginia Bible College. Ha obtenido un doctorado en el campo de la Teología, y otro en Divinidades. Es una ministro ordenada y ha pastoreado por veintisiete años.

El 12 de abril de 1959, Dios sanó milagrosamente a la Dra. Pickett de una enfermedad mortal, y la bautizó en el Espíritu Santo.

Ella ha ministrado como conferencista, evangelista y maestra, y ha servido como decano y directora de un instituto bíblico en Texas. Junto a su esposo, Leroy, fundaron el Fountain Gate Ministries en 1971. Este ministerio incluye una iglesia interdenominacional, una escuela —desde preescolar hasta universidad— y un ministerio nacional de cintas grabadas, programas de extensión por videos, programas diarios de radio y un ministerio semanal de televisión.

Desde 1988 la Dra. Pickett ha viajado extensamente y ha recibido una gran demanda como conferencista, autora y maestra. Ella y su esposo trabajan en Shekinah Ministries, en Blountville, Tennessee.

Autora de siete libros que contienen mucha de la revelación que Dios le ha dado durante la mayoría de sus cincuenta años de ministerio, la Dra. Pickett ha escrito también más de veinticinco manuales de estudio, los cuales han sido de gran ayuda a ministros y obreros laicos. Ella siente un divino mandato sobre su vida de ayudar a adiestrar líderes para conducir a la Iglesia en el gran avivamiento que está por venir.

# Casa Creación

Presenta

## *libros que edifican inspiran y fortalecen*

**CASA CREACIÓN**
ALIMENTANDO
SU ESPÍRITU

*www.vidacristiana.com*